EASY PIANO

GRACE VANDERWAAL
JUST THE BEGINNING

T0039535

ISBN 978-1-5400-2208-0

HAL•LEONARD®

7777 W. BLUEMOUND RD. P.O. BOX 13819 MILWAUKEE, WI 53213

In Australia Contact:
Hal Leonard Australia Pty. Ltd.
4 Lentara Court
Cheltenham, Victoria, 3192 Australia
Email: ausadmin@halleonard.com.au

Visit Hal Leonard Online at
www.halleonard.com

CONTENTS

MOONLIGHT

Words and Music by GRACE VANDERWAAL
and IDO ZMISHLANY

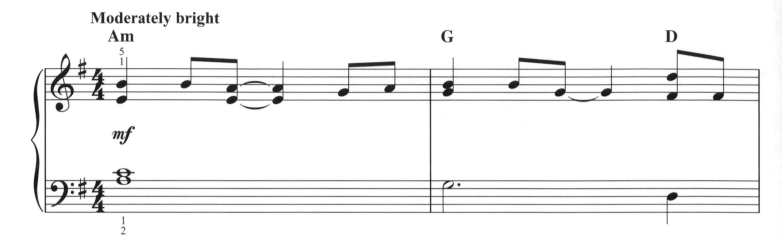

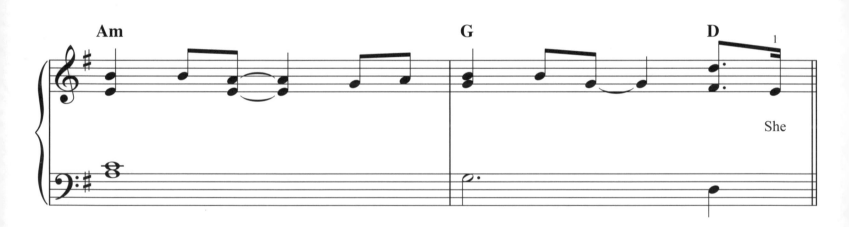

al - ways has a smile _____ from morn - ing to the night. _____ The
Now she lost her way, _____ and she for - gets to smile. _____

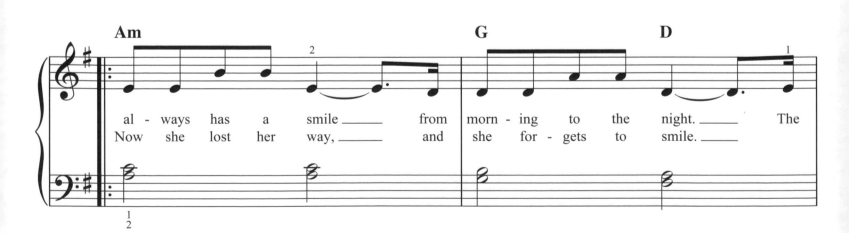

per - fect pos - ter child _____ that was once in my life. _____
Nev - er gets a break _____ from this life in de - nial. _____
A

doll made out of glass, all her friends think that she's great. _____ But

I can see through it all, and she's a - bout to break. _____ Re -

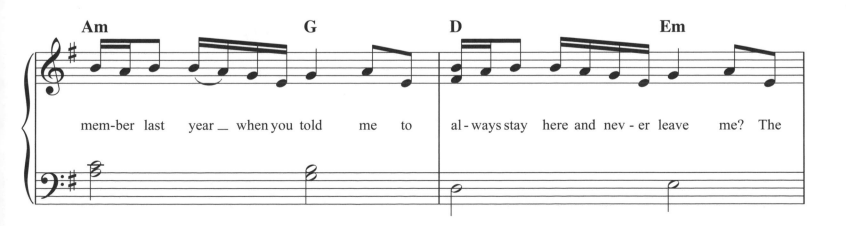

mem - ber last year _ when you told me to al - ways stay here and nev - er leave me? The

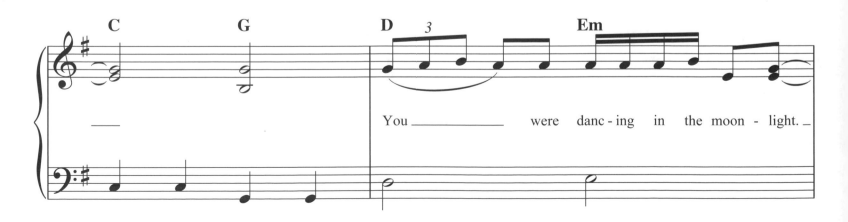

And I _____ was danc-ing in the moon-light.

I _____ was danc-ing in the moon-light. I, _____ I, _____ I _____

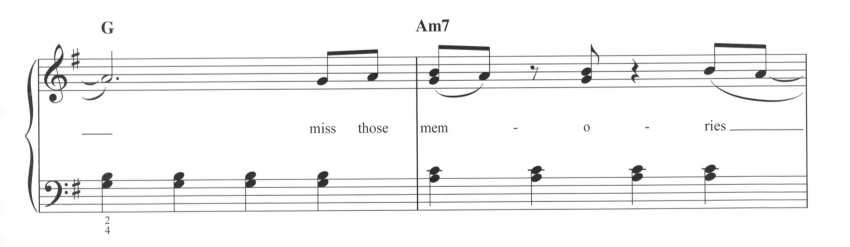

___ miss those mem - o - ries _____

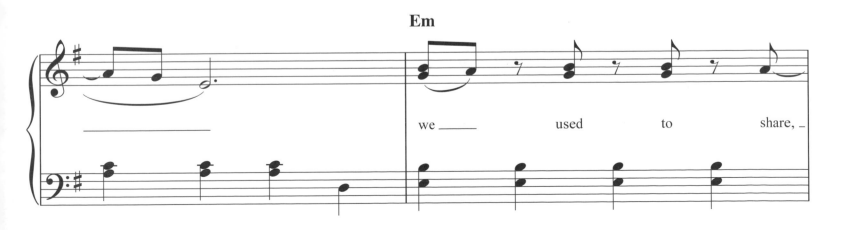

_____ we _____ used to share, _

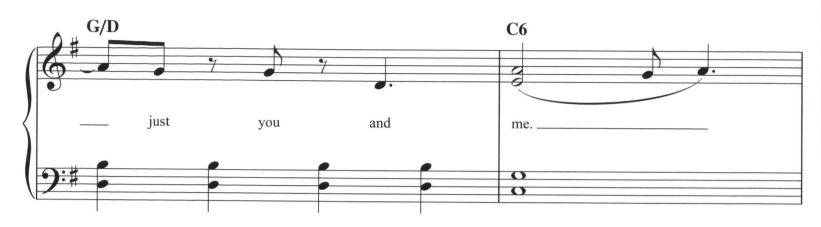

just you and me.

I re- mem- ber last year __ when I told you I would

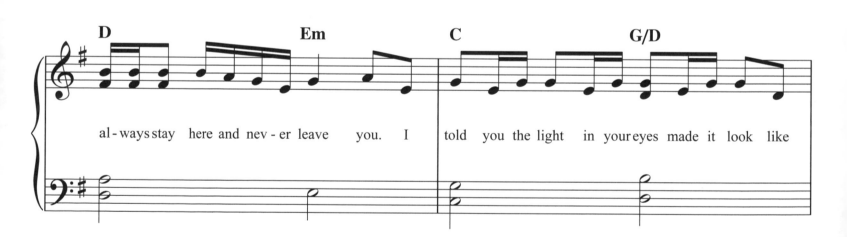

al- ways stay here and nev- er leave you. I told you the light in your eyes made it look like

we __ were danc- ing in the moon- light. 'Mem- ber last year __ when you told me to

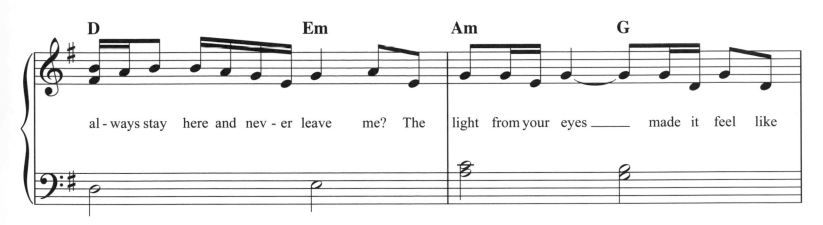

al - ways stay here and nev - er leave me? The light from your eyes _____ made it feel like

we _____ were danc - ing in the moon - light. _____

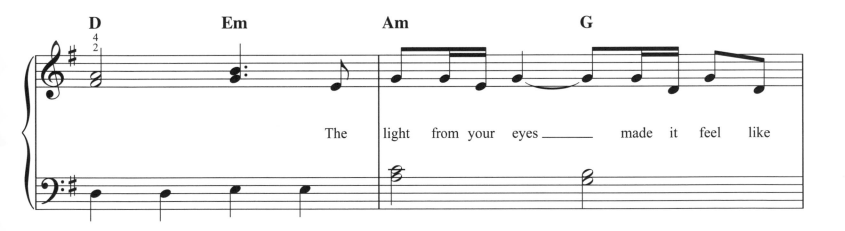

The light from your eyes _____ made it feel like

danc - ing in the moon - light. _____

SICK OF BEING TOLD

Words and Music by GRACE VANDERWAAL,
JEREMY DUSSOLLIET and TIM SOMMERS

Moderate Pop feel

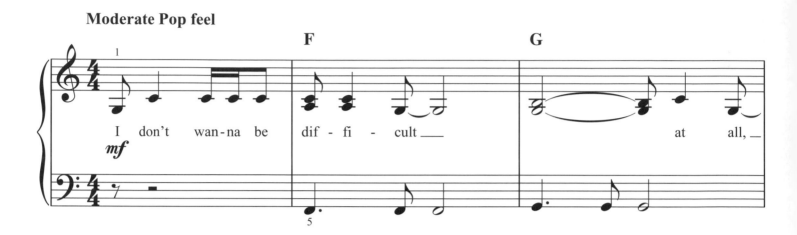

showed you count-less num-bers of times _ that I _ can do it. _

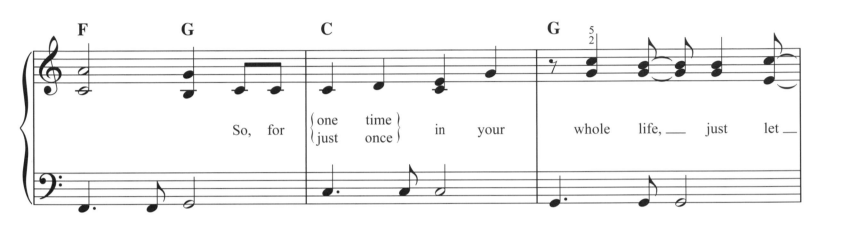

So, for { one time }{ just once } in your whole life, _ just let _

_ me try it. _ I'm sick of be - ing to - o - o - o - o - old _

_ of what I should know - o - o - o - o. _ I just wan-na let

12

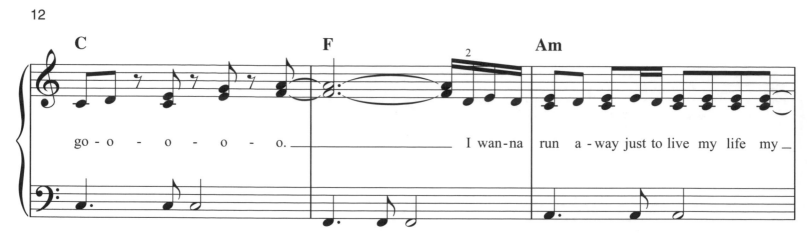

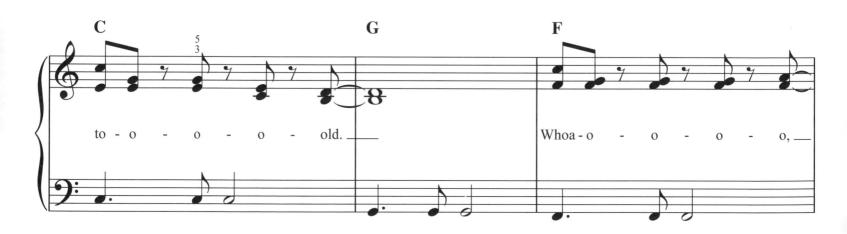

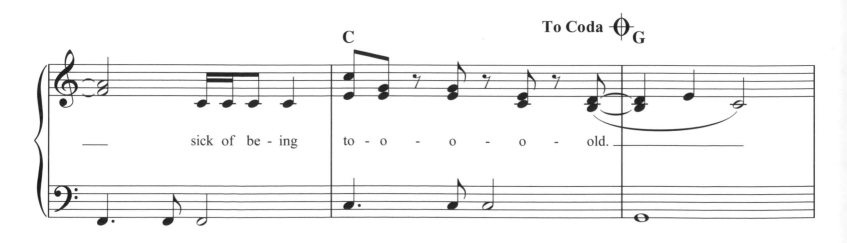

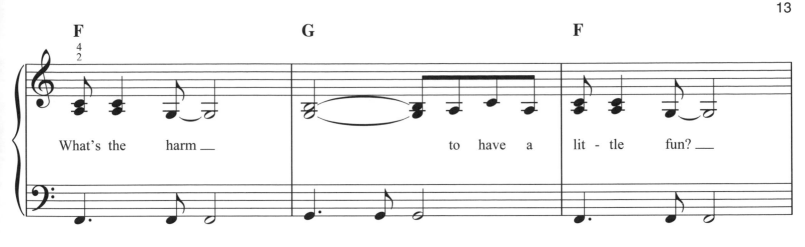

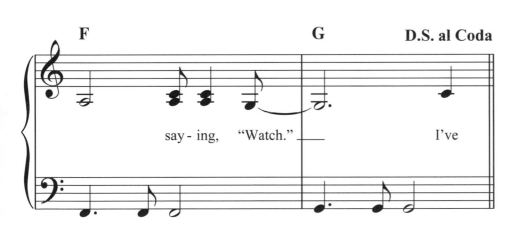

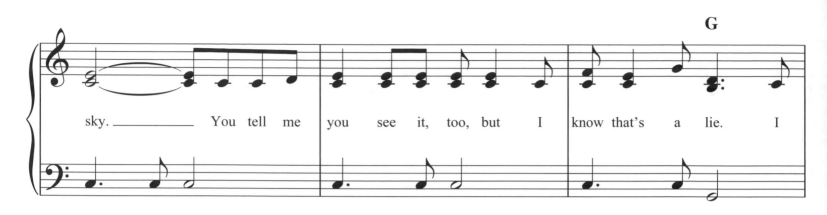

sky. _____ You tell me you see it, too, but I know that's a lie. I

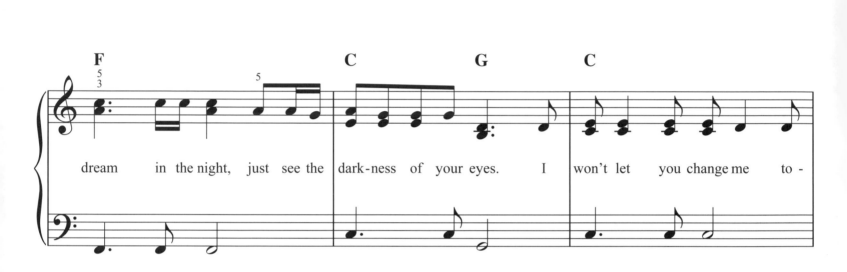

dream in the night, just see the dark-ness of your eyes. I won't let you change me to-

night. I'm sick of be-ing to - o - o - o - old _

_____ of what I should know - o - o - o - o. _____ I just wan-na let

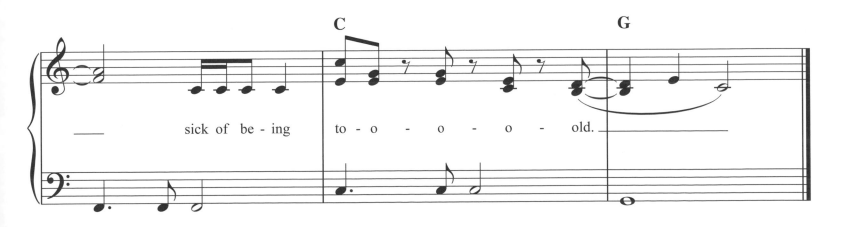

BURNED

Words and Music by GRACE VANDERWAAL
and SEAN DOUGLAS

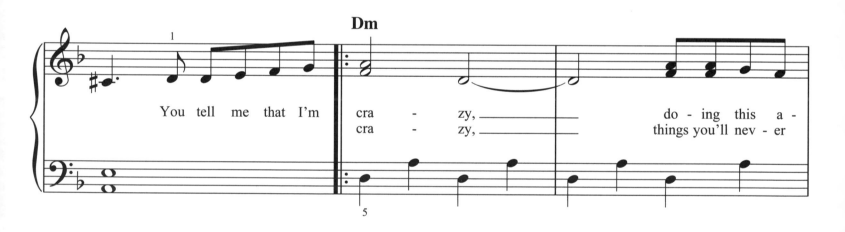

You tell me that I'm

cra - zy, _____ do - ing this a -
cra - zy, _____ things you'll nev - er

lone. _____ You don't need to save me;
know. _____ There's al - ways that word "may - be" _____

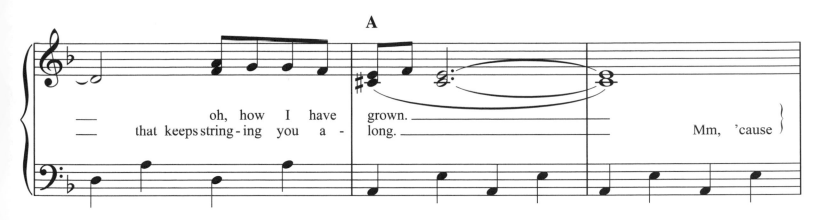

oh, how I have grown. _____

that keeps string-ing you a - long. _____ Mm, 'cause

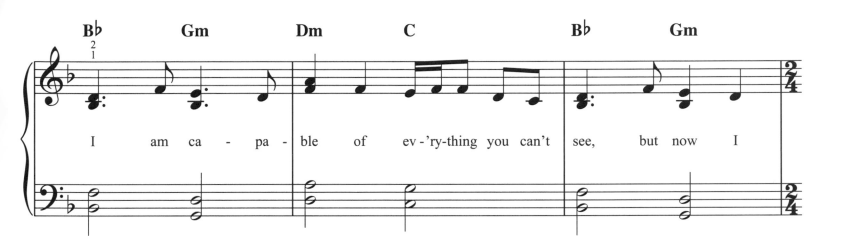

I am ca - pa - ble of ev-'ry-thing you can't see, but now I

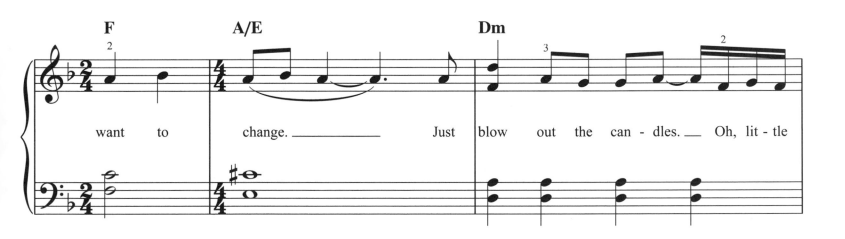

want to change. _____ Just blow out the can - dles. _ Oh, lit - tle

boy, when will you learn? You don't play with fi - re _____ un - less you

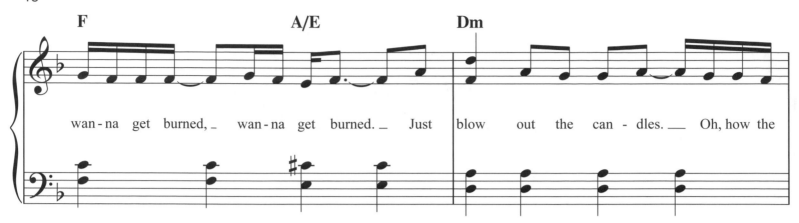

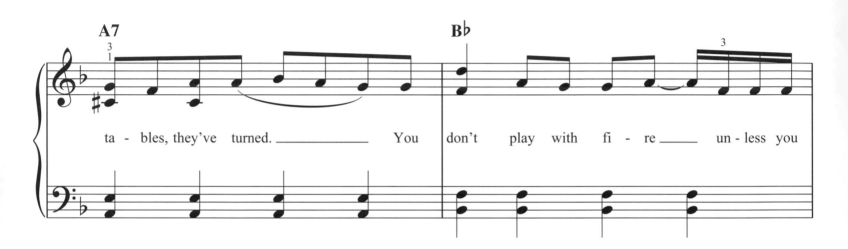

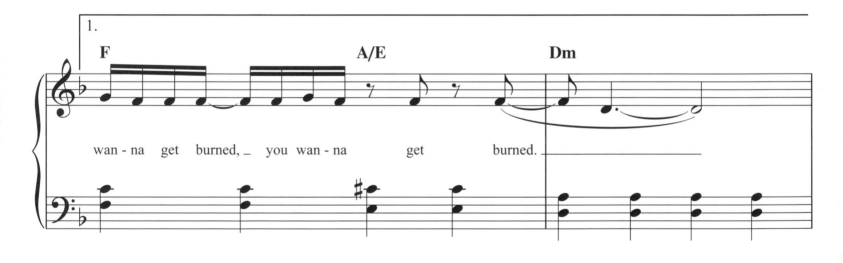

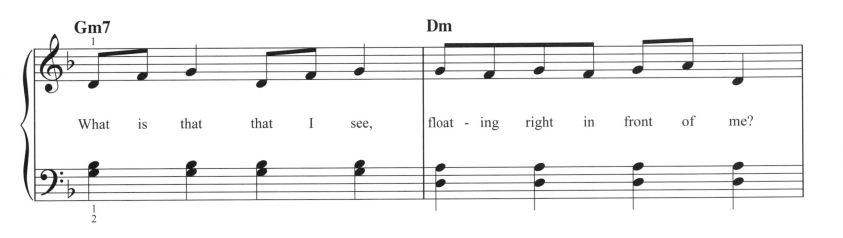

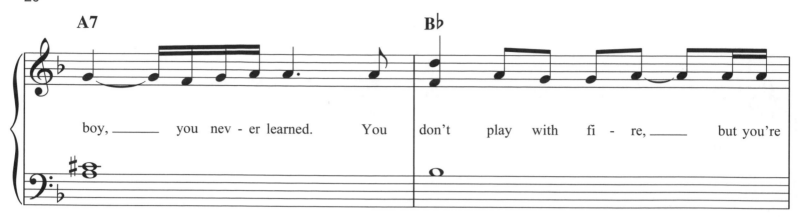

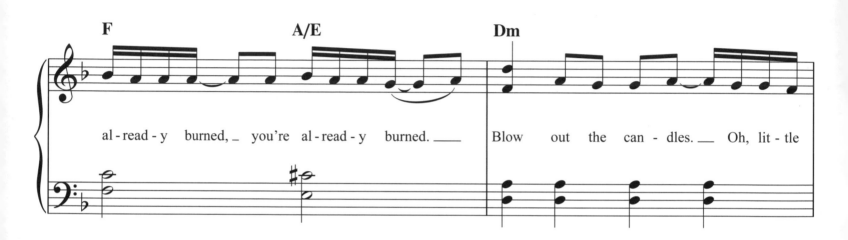

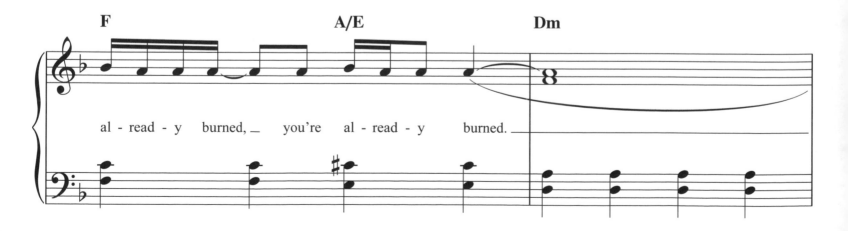

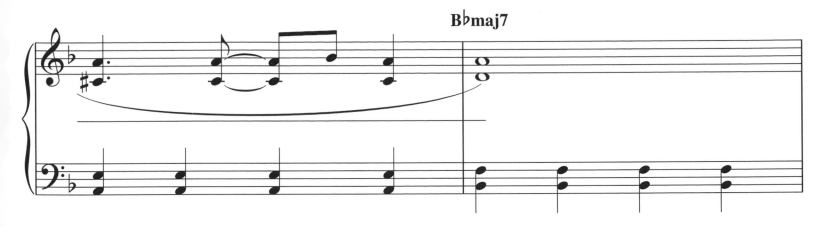

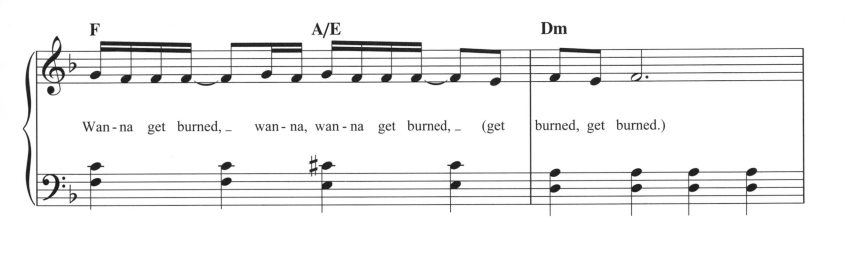

Wan-na get burned, _ wan-na, wan-na get burned, _ (get burned, get burned.)

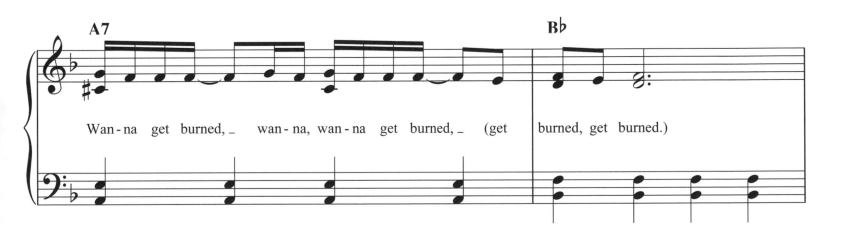

Wan-na get burned, _ wan-na, wan-na get burned, _ (get burned, get burned.)

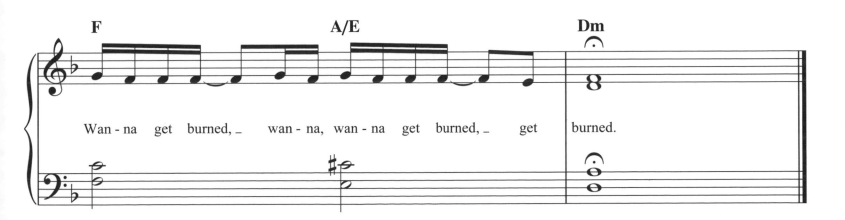

Wan-na get burned, _ wan-na, wan-na get burned, _ get burned.

JUST A CRUSH

Words and Music by
GRACE VANDERWAAL

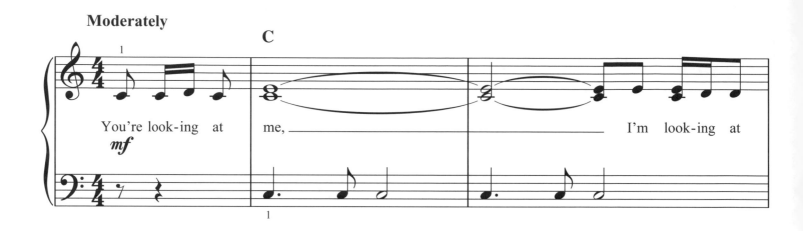

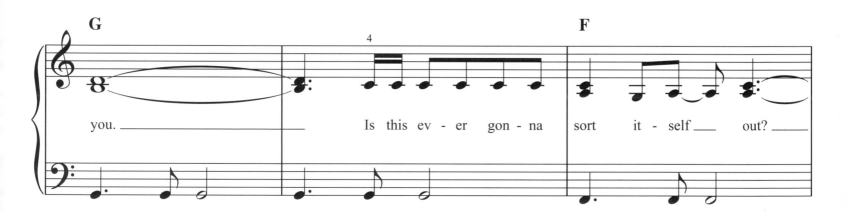

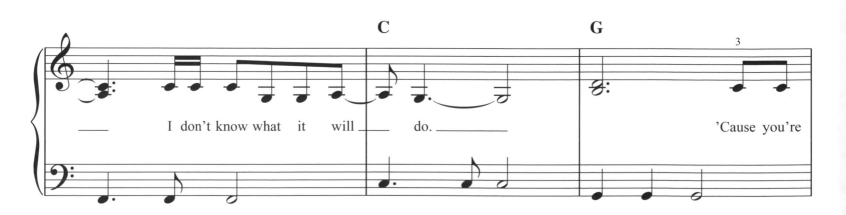

23

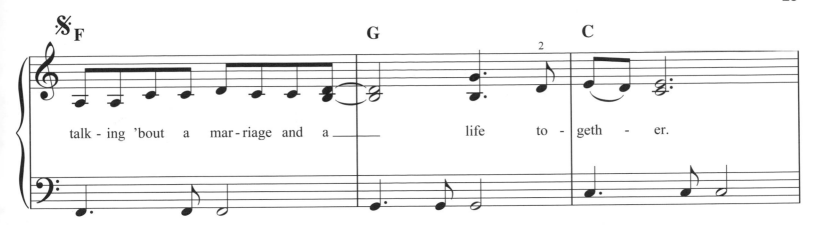

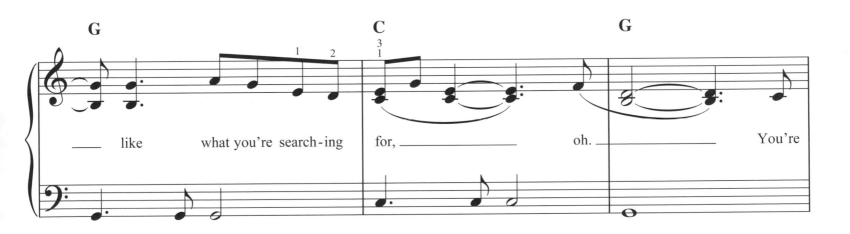

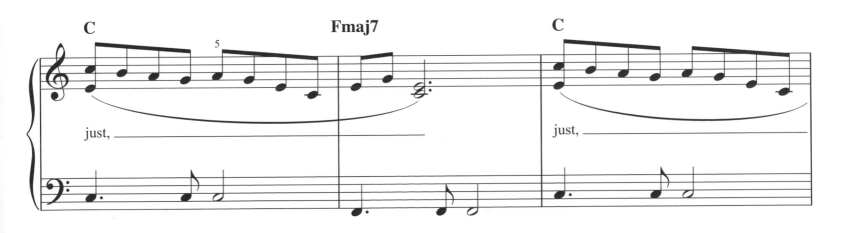

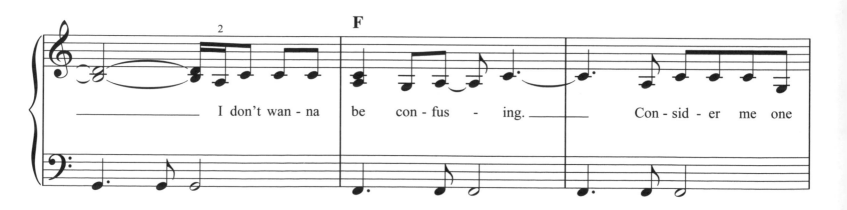

of   the   dudes.   And, yes,   it'd be   nice _____

_____   to hold hands once   in a while, _____   but you're o - ver

here _____   plan - ning ___ like   wild. _____

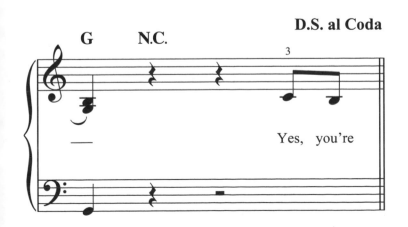

____   Yes, you're

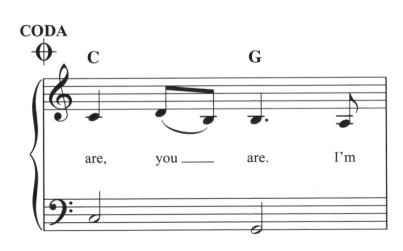

are,   you ____ are.   I'm

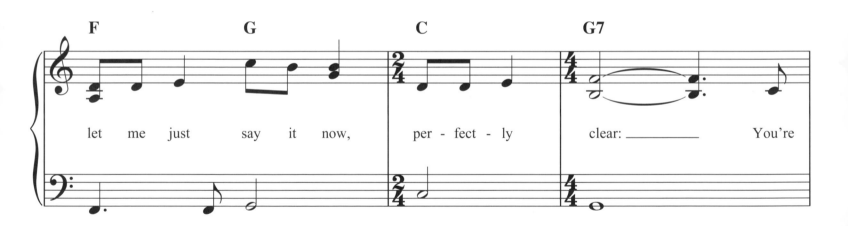

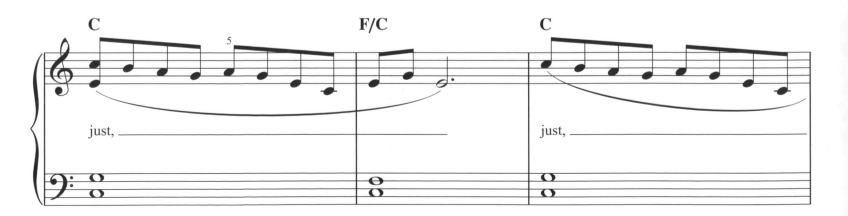

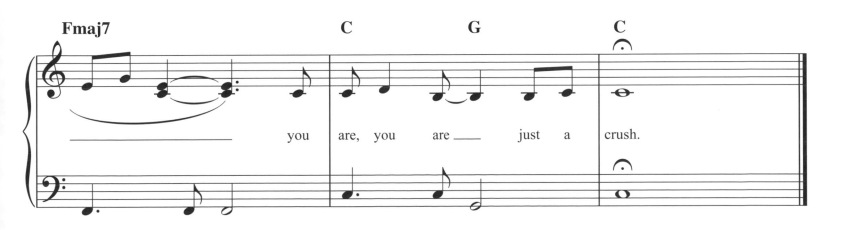

SO MUCH MORE THAN THIS

Words and Music by GRACE VANDERWAAL,
DEREK FUHRMANN and GREGG WATTENBERG

_____ just what ___ we are find - ing. Tap your foot and ___ lis - ten in. Ig -

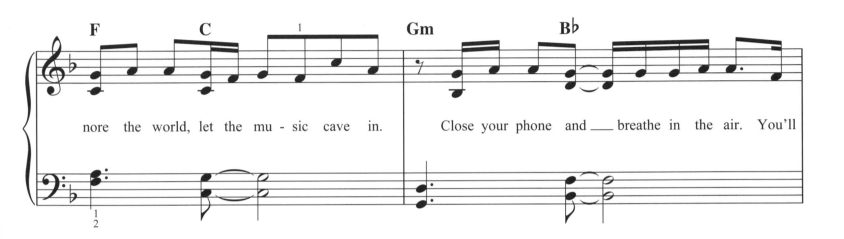

nore the world, let the mu - sic cave in. Close your phone and ___ breathe in the air. You'll

soon re - al - ize that there's some - thing that is so much ___ more ___ than this.

It is ___ what ___ it is. ___ So much ___ more ___ than ___ this. ___

To Coda I

To Coda II

32

D.S. al Coda II

CODA II

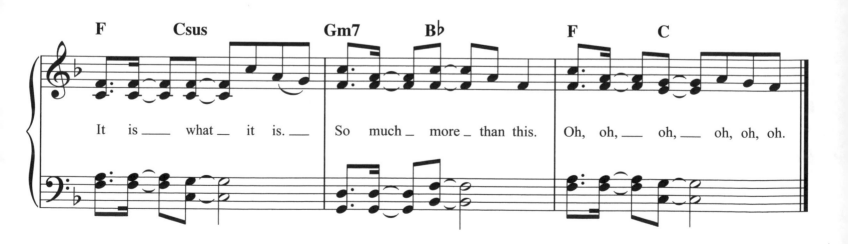

ESCAPE MY MIND

Words and Music by GRACE VANDERWAAL,
GREGG WATTENBERG and MICHAEL ADUBATO

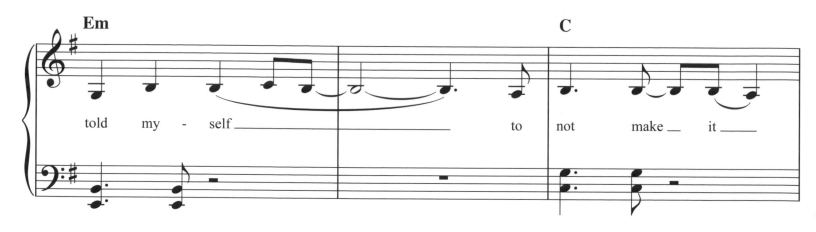

told my - self _____ to not make _ it _____

hurt. I try to blast mu - sic in at-

tempt to get ___ you out of ___ my eyes, _____ but I

can't es - cape my mind. I hate you 'cause I will

al - ways ___ look at your pic - ture. ___

And I tell my -

self that I'm o - ver you; ___ then I get ___ a lit - tle

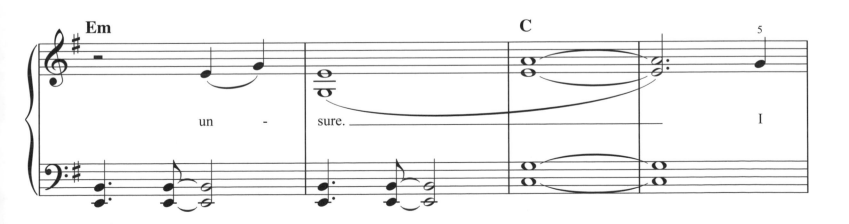

un - sure. ___ I

wish   I   could   get   you

out   of   my   mind, _____   but   I

think   a - bout   it   all   the   time. __ And   I   wish   I

could   not   think,   for   once   in   my

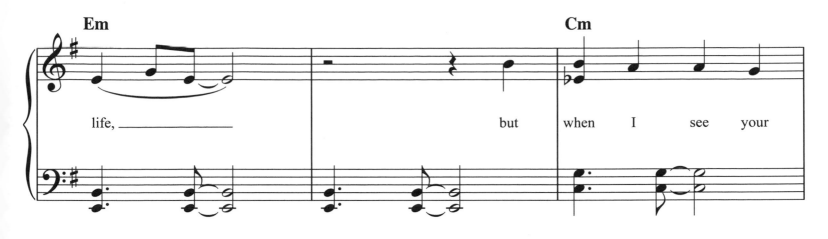

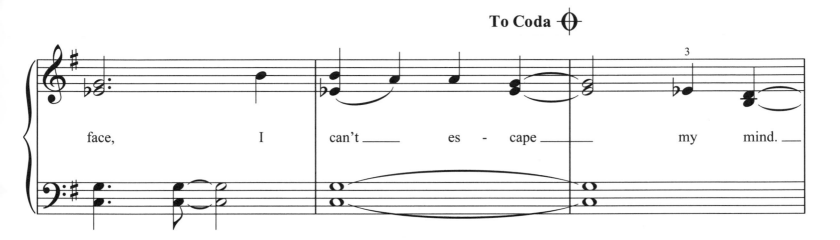

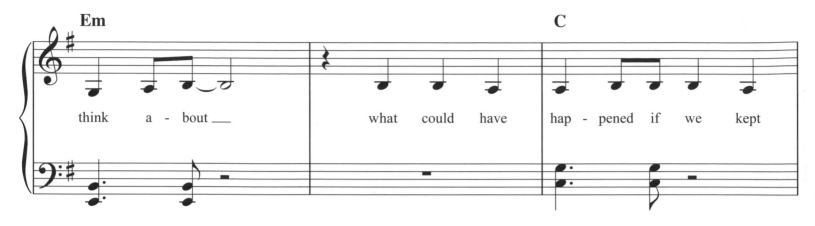

think a - bout ___ what could have hap - pened if we kept

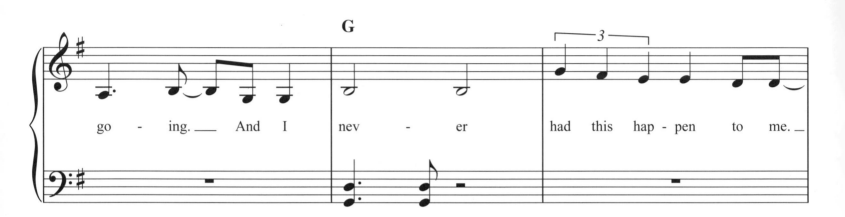

go - ing. ___ And I nev - er had this hap - pen to me. ___

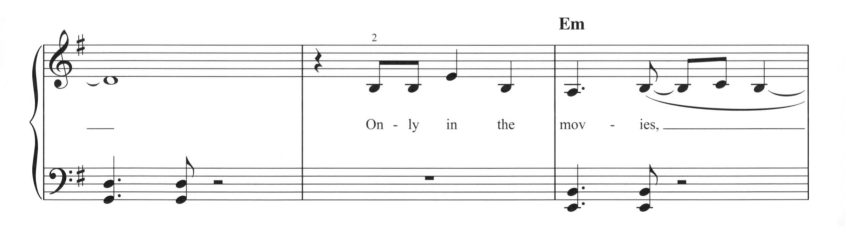

___ On - ly in the mov - ies, _____

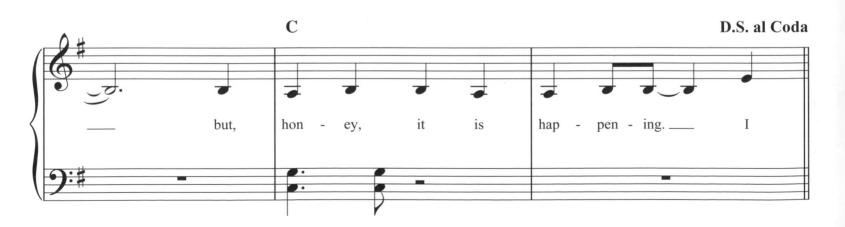

___ but, hon - ey, it is hap - pen - ing. ___ I

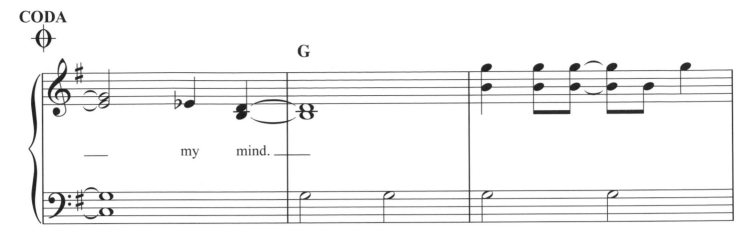

CODA

G

my mind.

Em

C

I

G

can't es - cape my ____ mind.

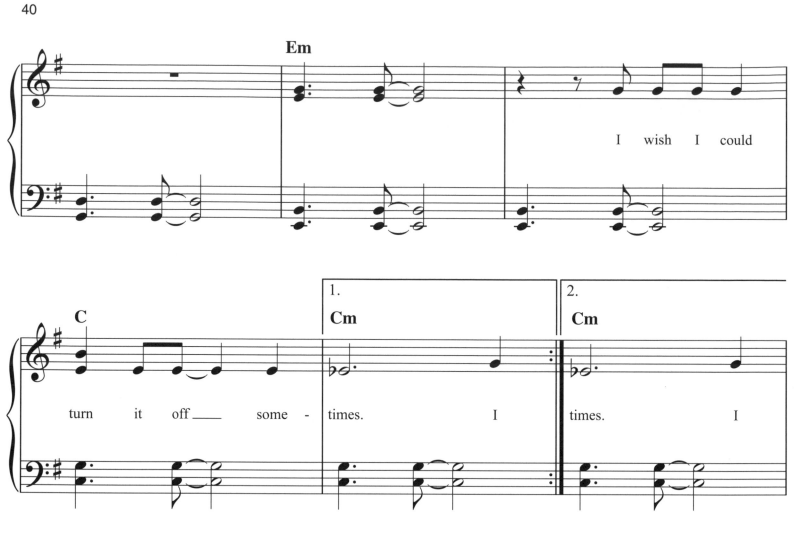

think a - bout it all the time. __ And I wish I

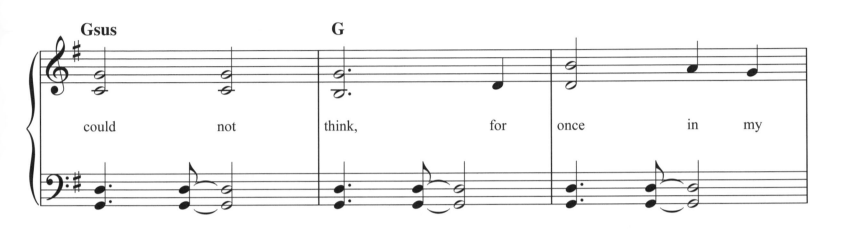

could not think, for once in my

life, _____ but when I see your

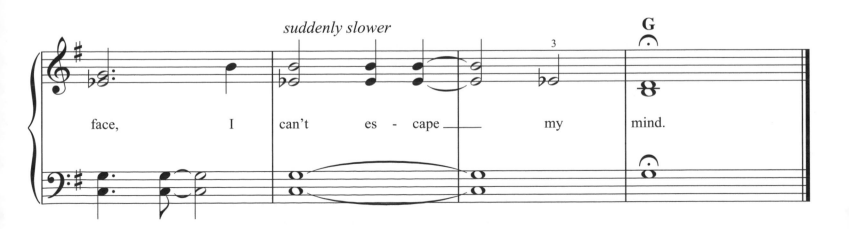

suddenly slower

face, I can't es - cape __ my mind.

TALK GOOD

Words and Music by GRACE VANDERWAAL
and IDO ZMISHLANY

Easy groove

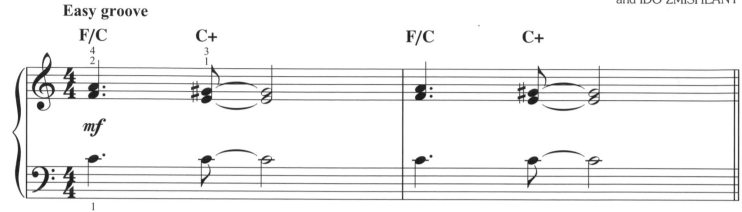

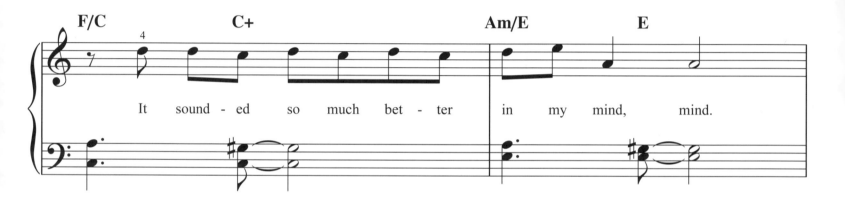

It sound-ed so much bet-ter in my mind, mind.

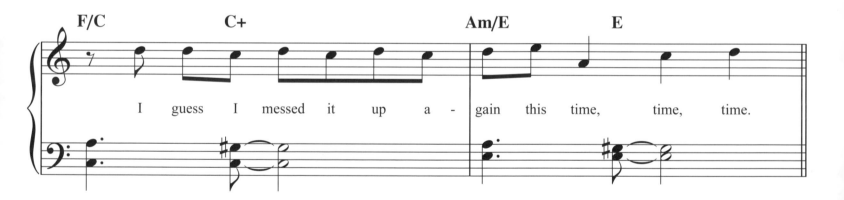

I guess I messed it up a-gain this time, time, time.

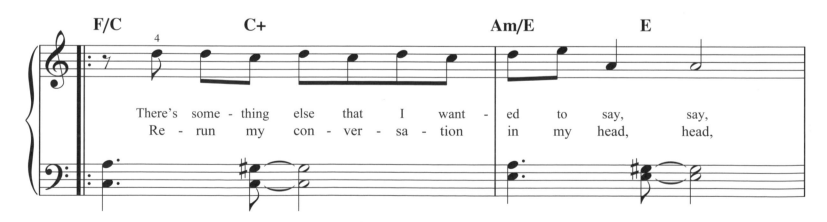

There's some-thing else that I want-ed to say, say,
Re-run my con-ver-sa-tion in my head, head,

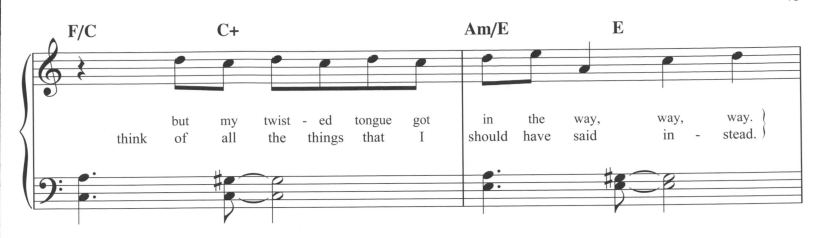

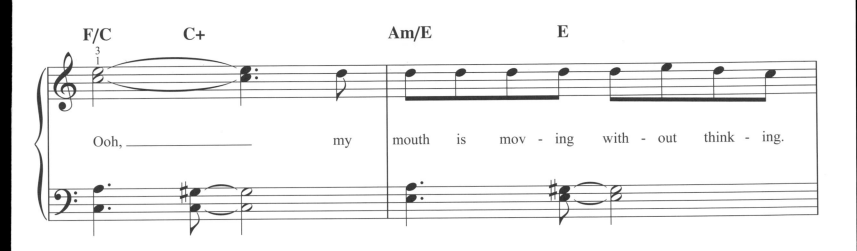

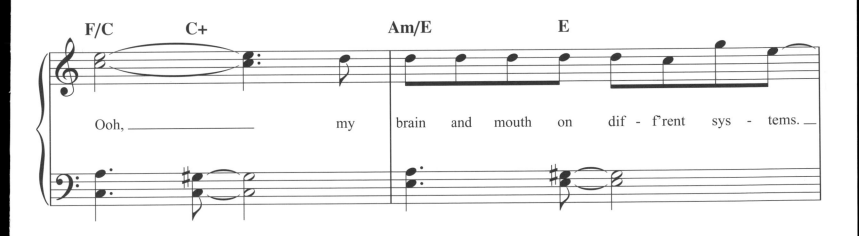

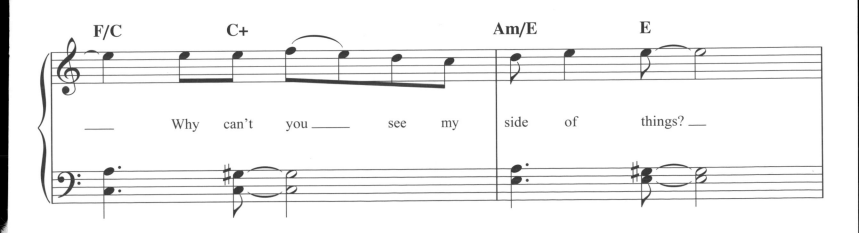

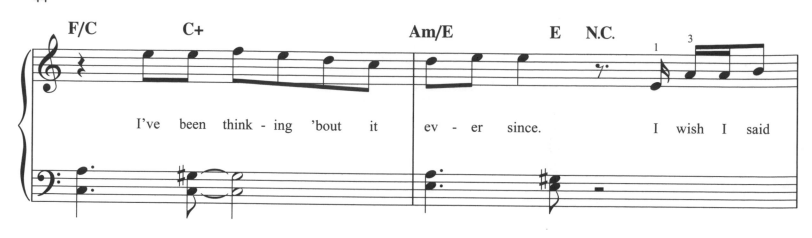

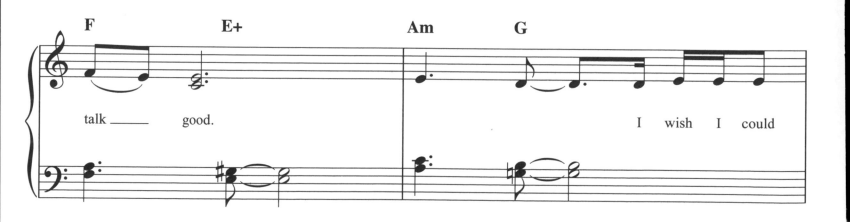

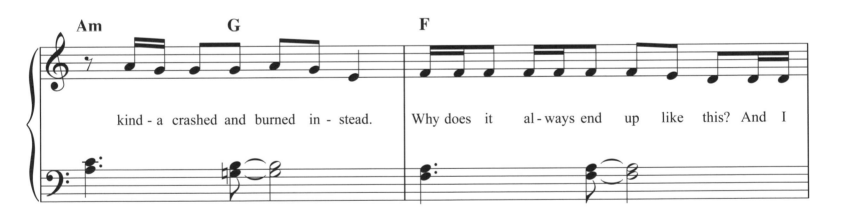

48

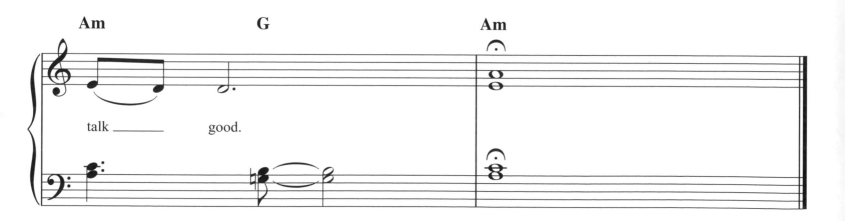

INSANE SOMETIMES

Words and Music by GRACE VANDERWAAL
and DAN HENIG

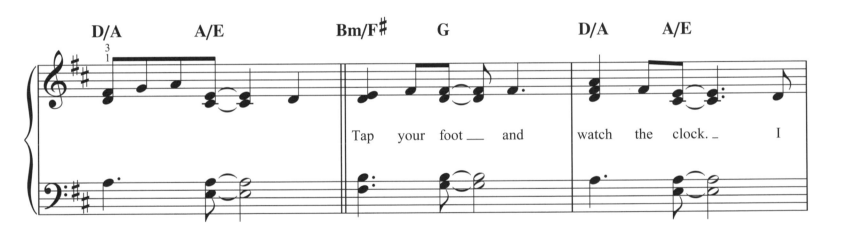

50

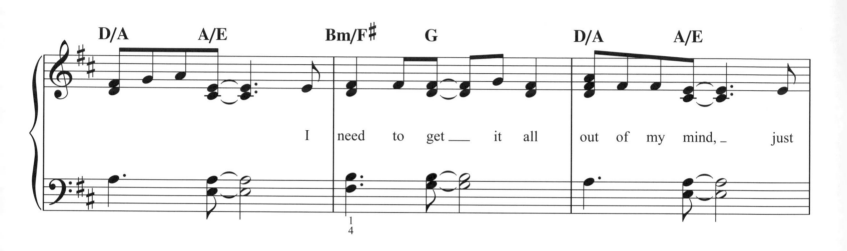

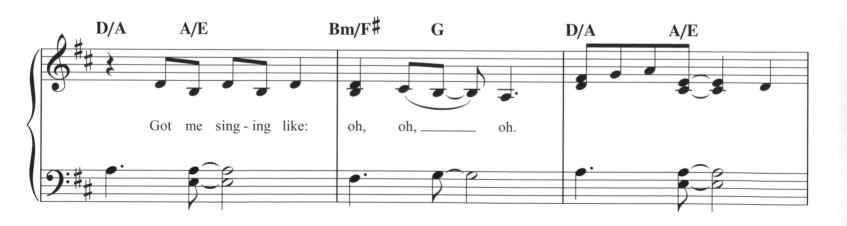

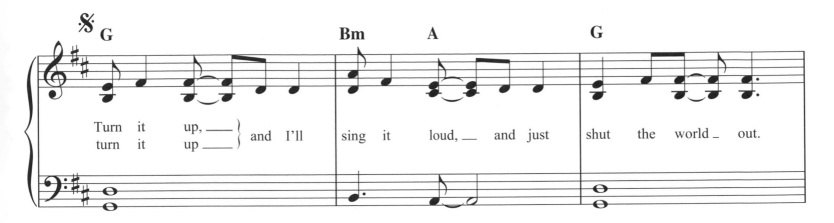

Turn it up, ___ and I'll sing it loud, ___ and just shut the world ___ out.
turn it up ___

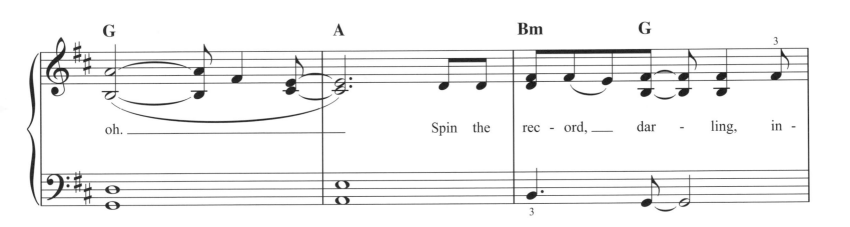

See the col - ors, feel it in my bones. ___ It goes:

oh. ___ Spin the rec - ord, ___ dar - ling, in -

side of my mind, ___ and let's just go, go, go, ___ and lose track of time. ___

Here we go ___ on this cra-zy ride. ___ Here we go ___ in this

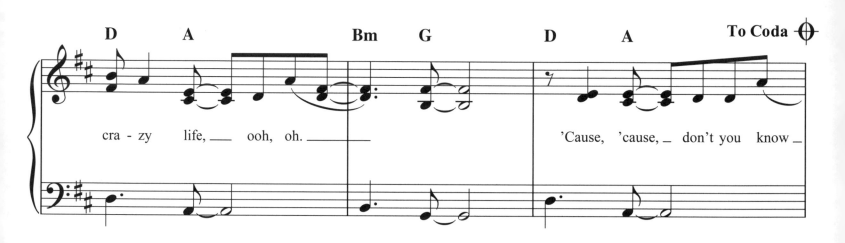

To Coda ⊕

cra-zy life, ___ ooh, oh. ___ 'Cause, 'cause, _ don't you know _

N.C.

___ we're all a lit-tle in-sane some-times? _

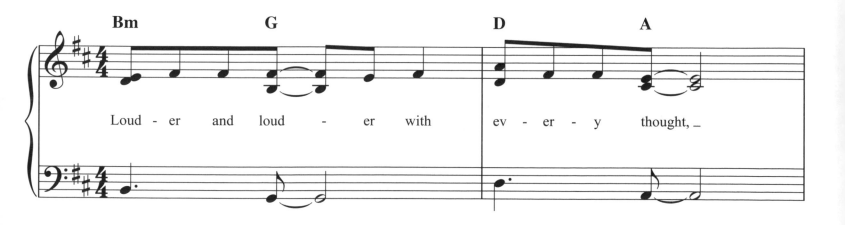

Loud-er and loud-er with ev-er-y thought, _

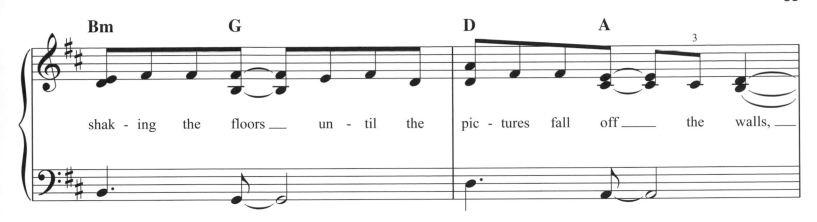

shak - ing the floors ___ un - til the pic - tures fall off ___ the walls, ___

the ___ walls.

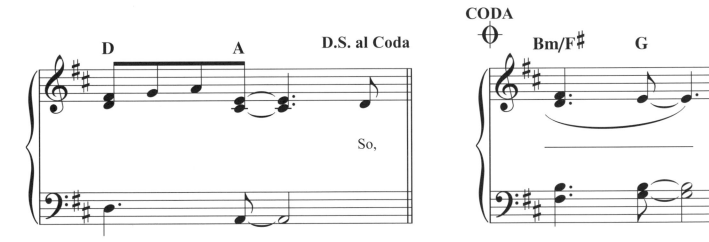

So,

CODA

___ we're

all a lit - tle in - sane some - times?

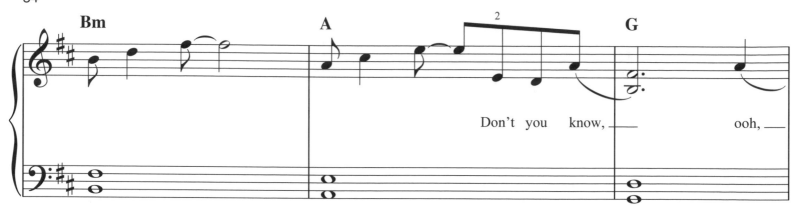

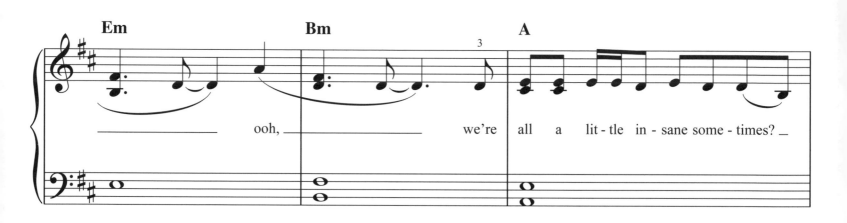

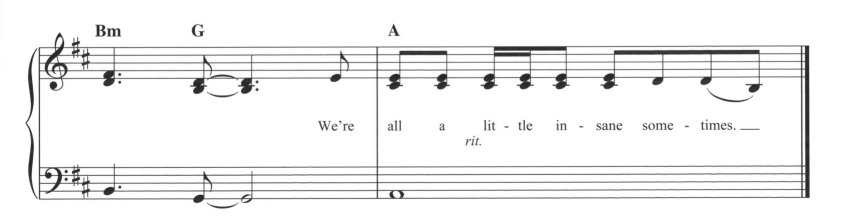

FLORETS

Words and Music by GRACE VANDERWAAL
and IDO ZMISHLANY

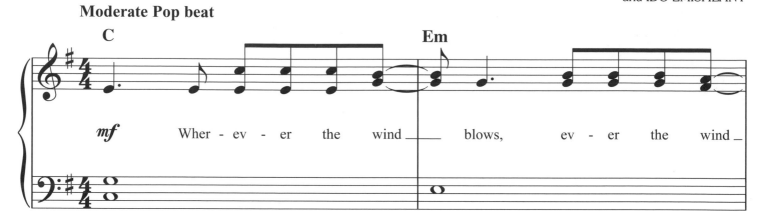

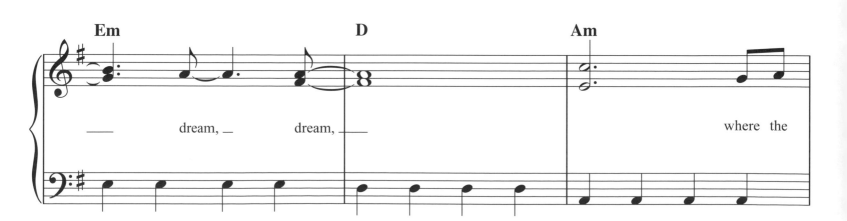

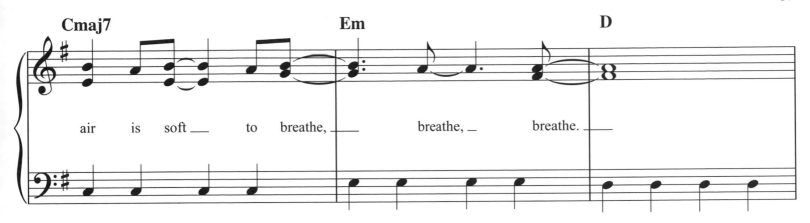

air is soft ___ to breathe, ___ breathe, ___ breathe. ___

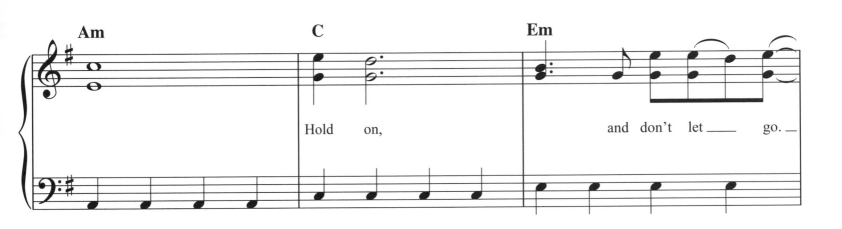

Hold on, and don't let ___ go. ___

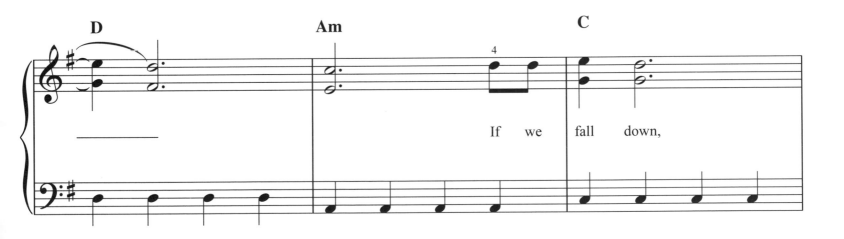

___ If we fall down,

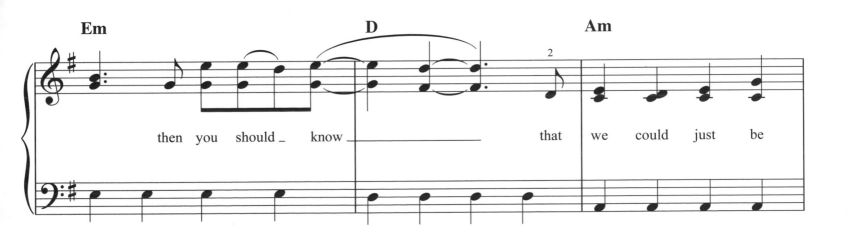

then you should ___ know ___ that we could just be

58

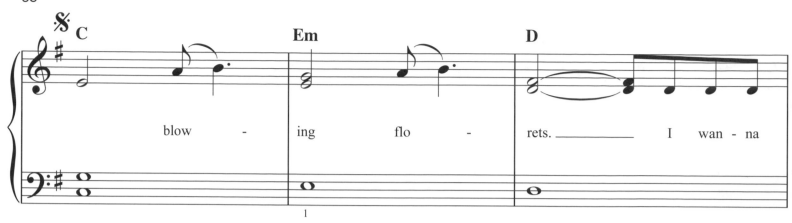

blow - ing flo - rets. _____ I wan - na

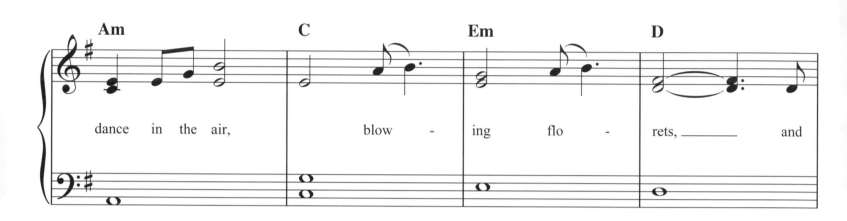

dance in the air, blow - ing flo - rets, _____ and

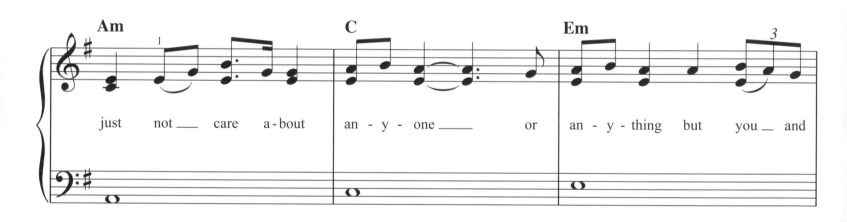

just not __ care a-bout an - y - one _____ or an - y-thing but you __ and

me, _____ so don't let go __ of me. _____

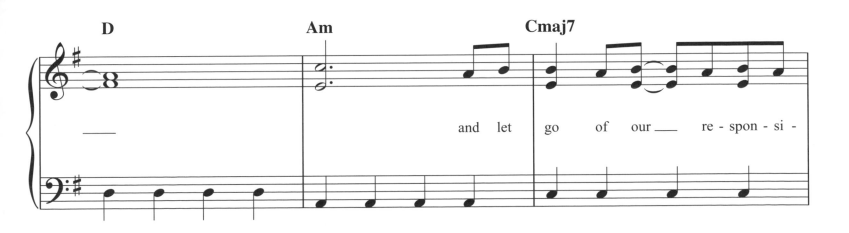

60

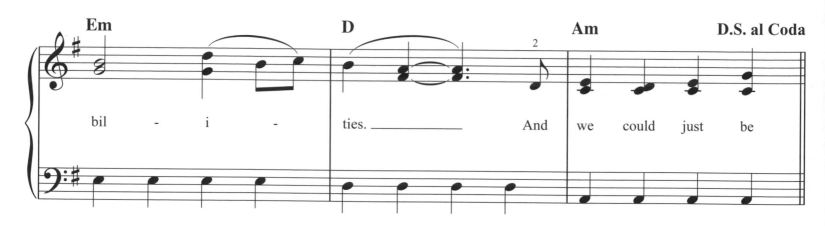

bil - i - ties. _____ And we could just be

Wher - ev - er the wind _____

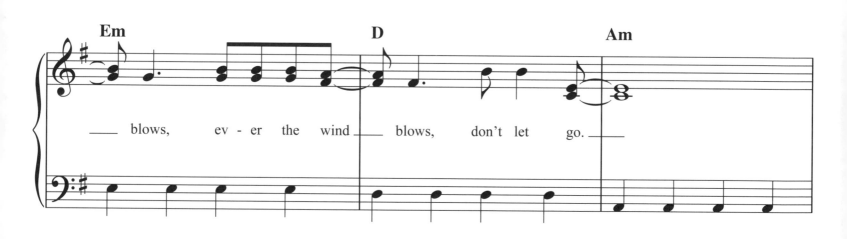

_____ blows, ev - er the wind _____ blows, don't let go. _____

Wher - ev - er the wind _____ blows, ev - er the wind _____

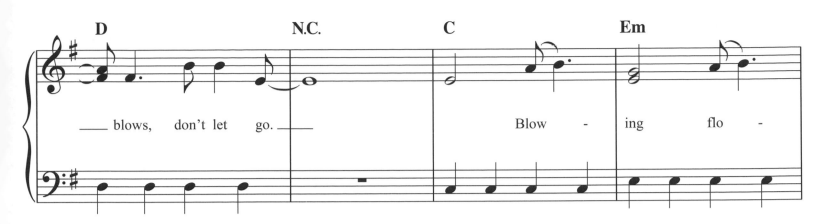

_____ blows, don't let go. _____ Blow - ing flo -

rets. _____ I wan - na dance in the air, blow -

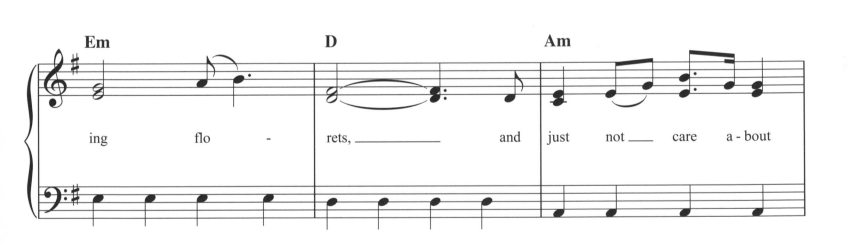

ing flo - rets, _____ and just not _____ care a - bout

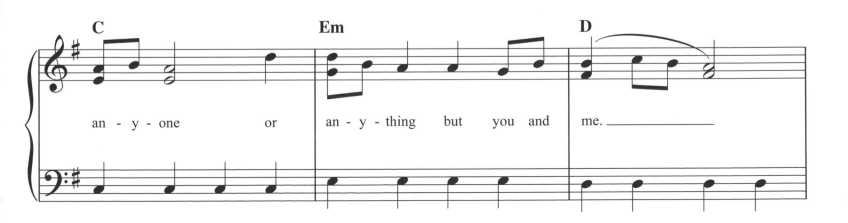

an - y - one or an - y - thing but you and me. _____

62

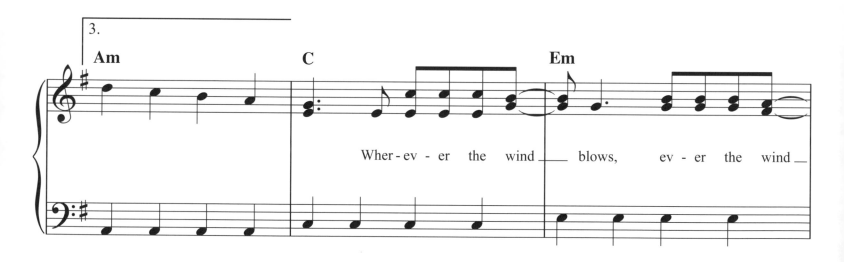

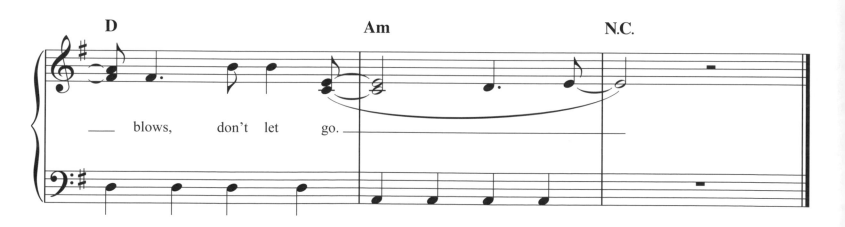

A BETTER LIFE

Words and Music by
GRACE VANDERWAAL

64

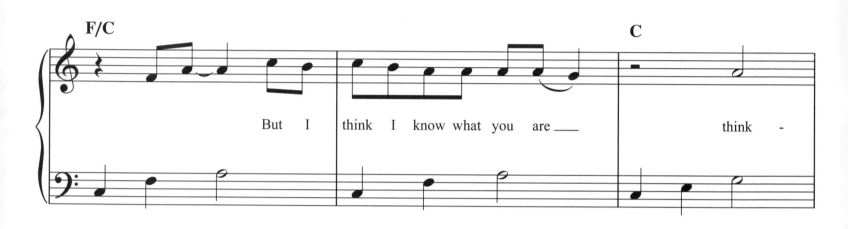

But I think I know what you are _____ think -

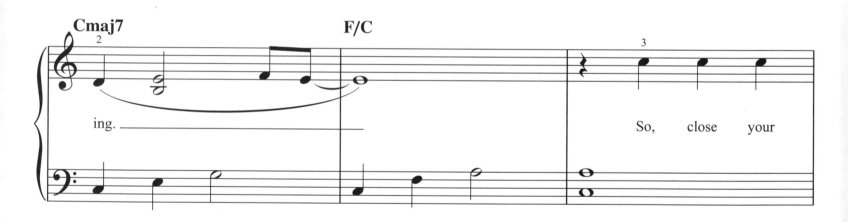

ing. _____ So, close your

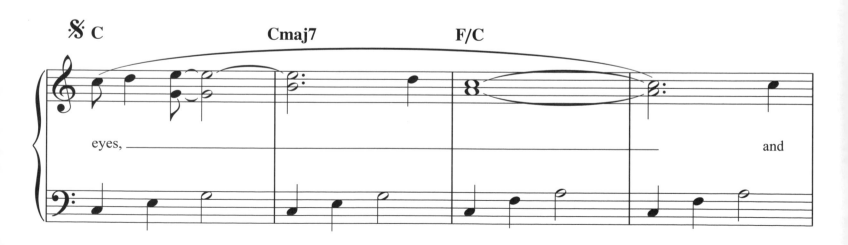

eyes, _____ and

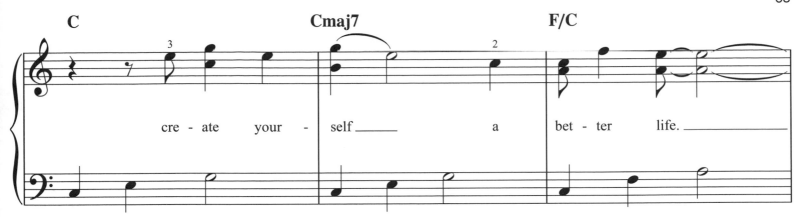

a bet - ter ____ life. ____

You found a light - er ____ on

the street, and sud - den - ly ____

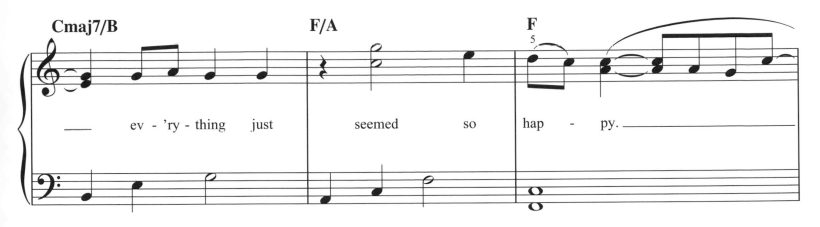

ev - 'ry - thing just | seemed so hap - py. ____

__ | | My

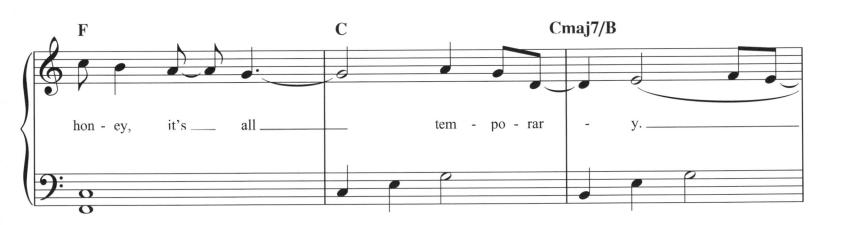

hon - ey, it's __ all ____ | tem - po - rar - y. ____

__ | Just close your

D.S. al Coda

CODA

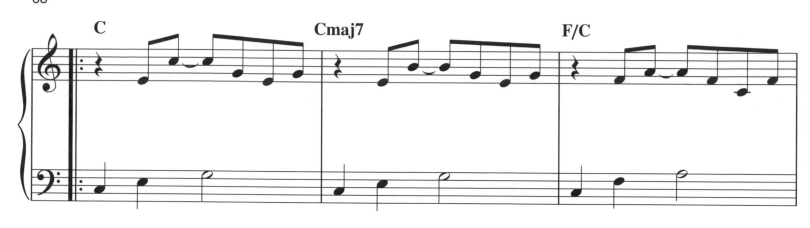

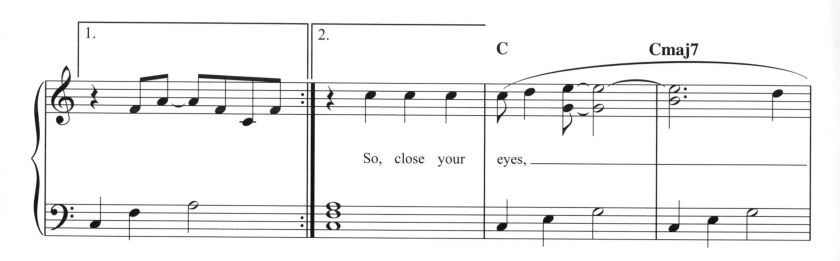

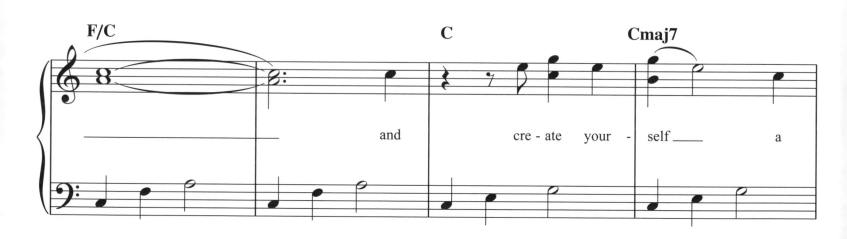

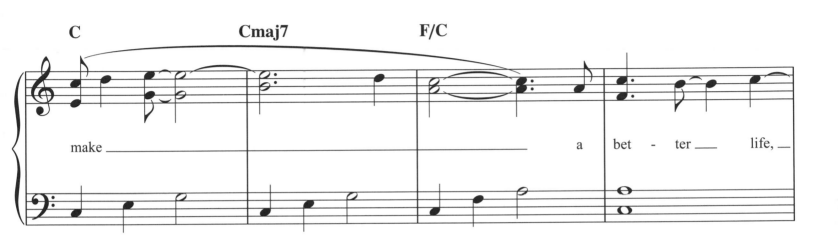

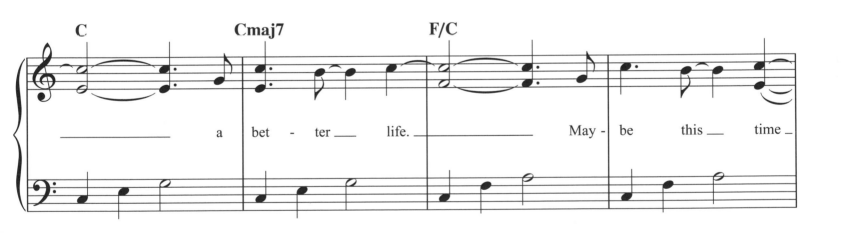

CITY SONG

Words and Music by GRACE VANDERWAAL,
GREGG WATTENBERG and MICHAEL ADUBATO

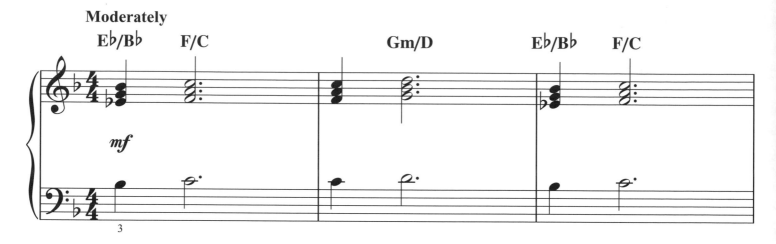

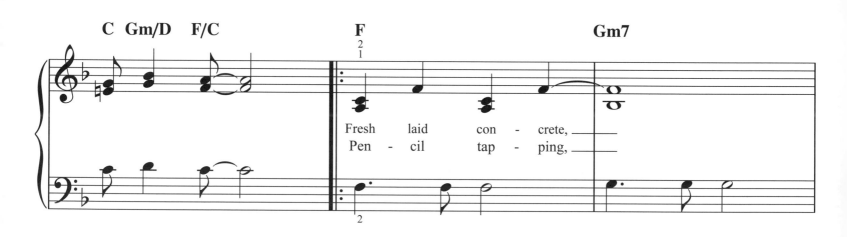

Fresh laid con - crete, _____
Pen - cil tap - ping, _____

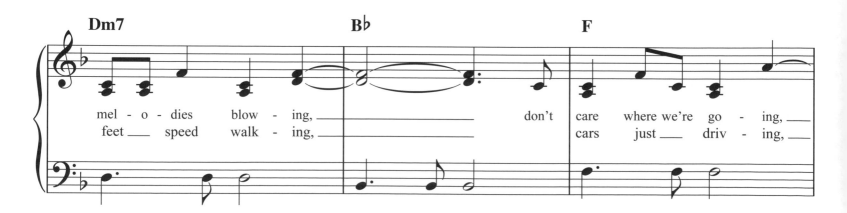

mel - o - dies blow - ing, _____ don't care where we're go - ing, _____
feet ___ speed walk - ing, _____ cars just ___ driv - ing, _____

but the day is wast - ing. ____
day - dream __ gaz - ing. ____

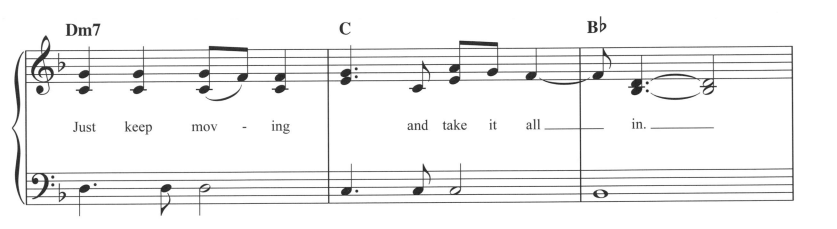

Just keep mov - ing and take it all ____ in. ____

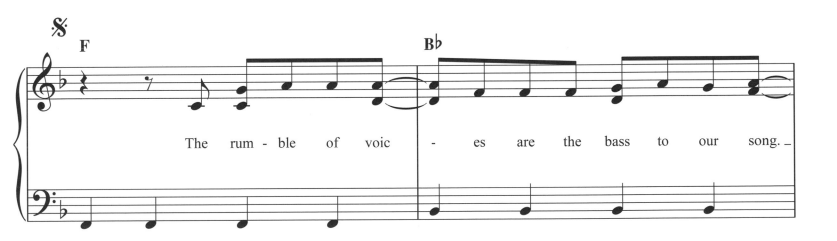

The rum - ble of voic - es are the bass to our song. __

____ The horns are just on ____ the beat, honk - in' a -

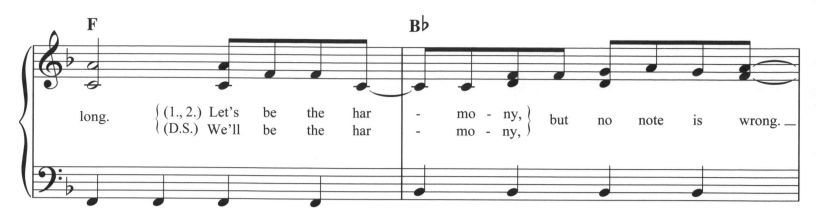

long.

{ (1., 2.) Let's be the har - mo - ny, } but no note is wrong. ____
{ (D.S.) We'll be the har - mo - ny, }

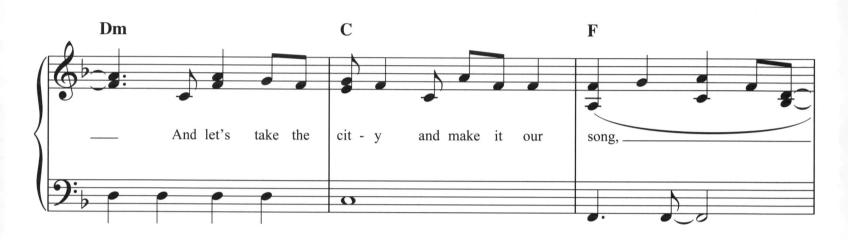

____ And let's take the cit - y and make it our song, ____

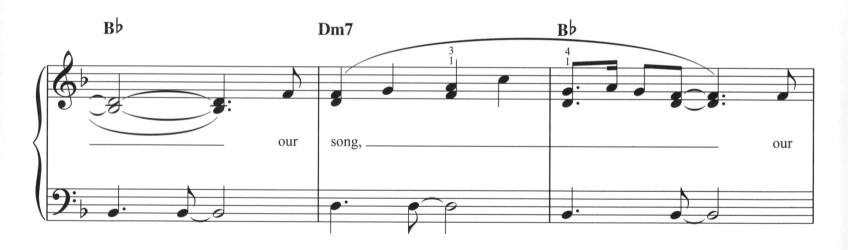

____ our song, ____ our

song. ____ Let's take the cit - y and make it our

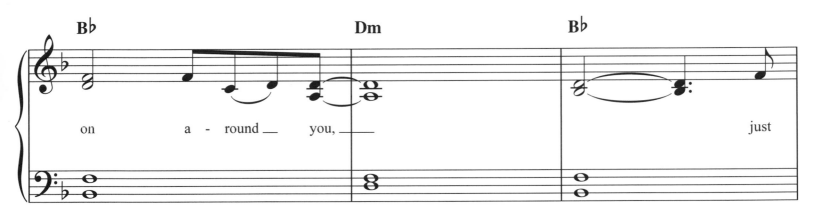

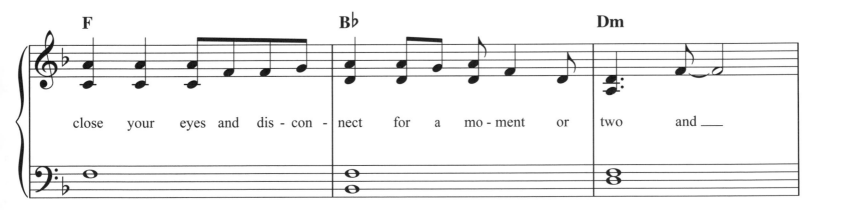

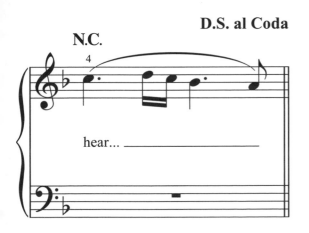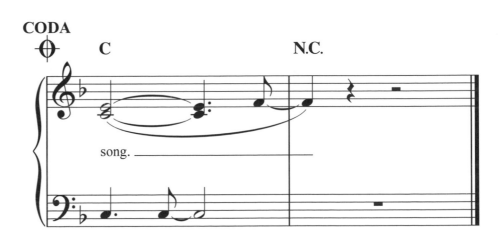

I DON'T KNOW MY NAME

Words and Music by
GRACE VANDERWAAL

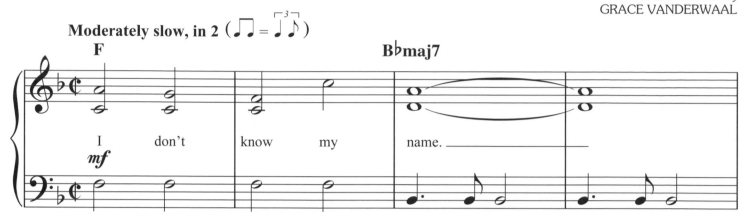

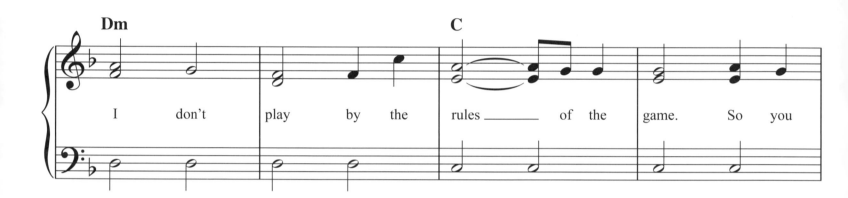

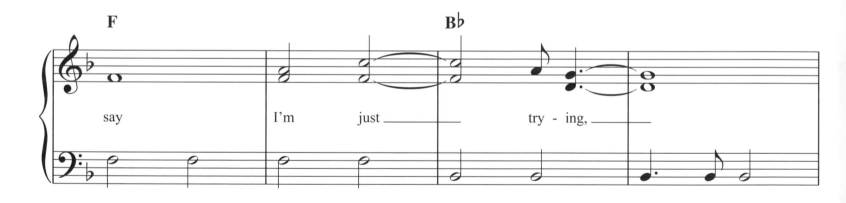

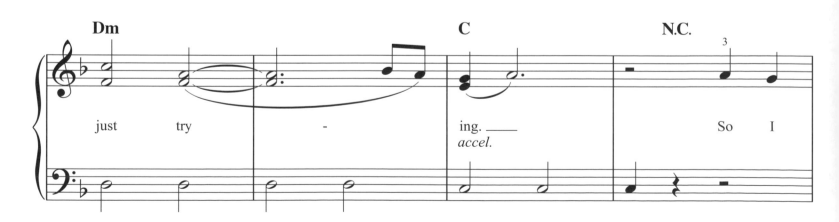

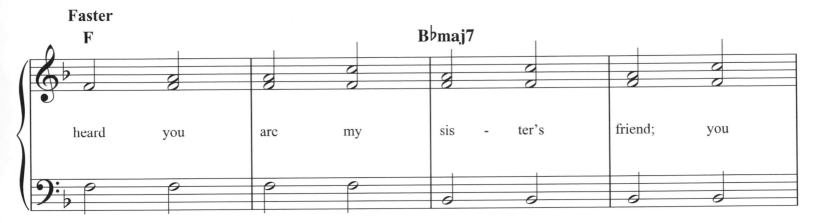

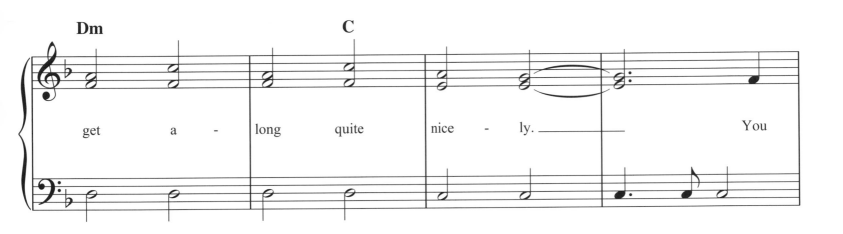

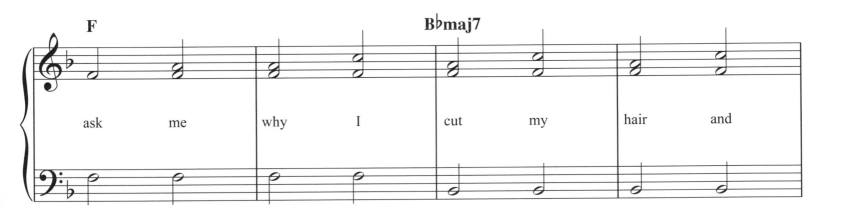

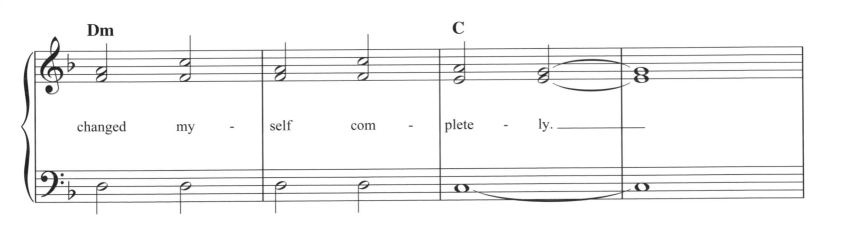

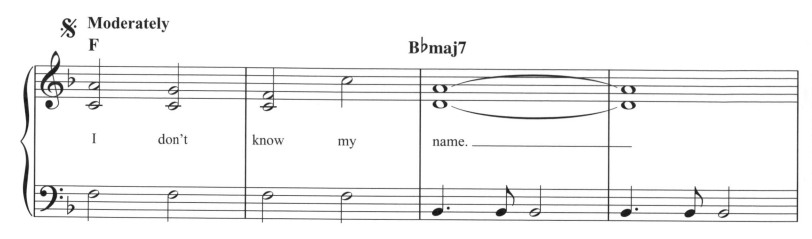

Moderately

I don't know my name. ____

I don't play by the rules ____ of the game. So you

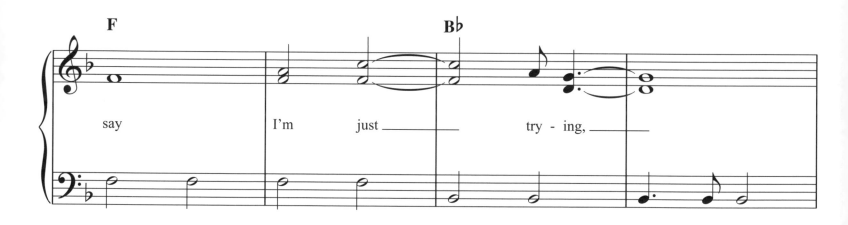

say I'm just ____ try - ing, ____

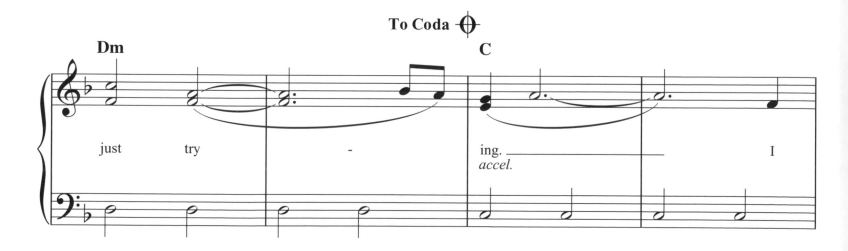

just try - ing. ____ I

accel.

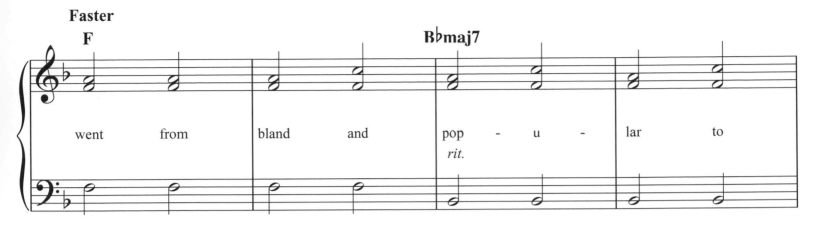

Faster
F ... **B♭maj7**

went from bland and pop - u - lar to
rit.

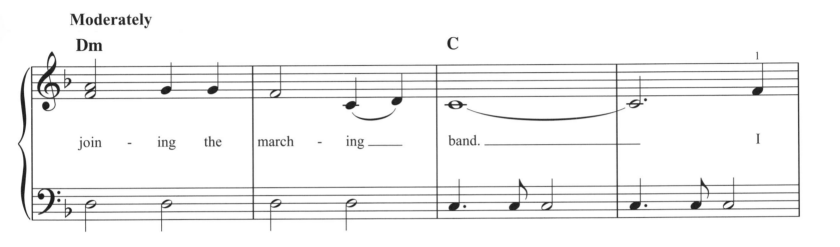

Moderately
Dm ... **C**

join - ing the march - ing band. I

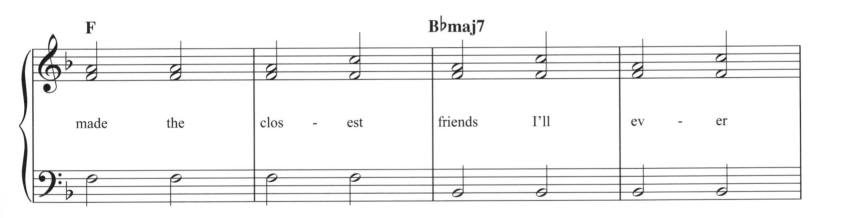

F ... **B♭maj7**

made the clos - est friends I'll ev - er

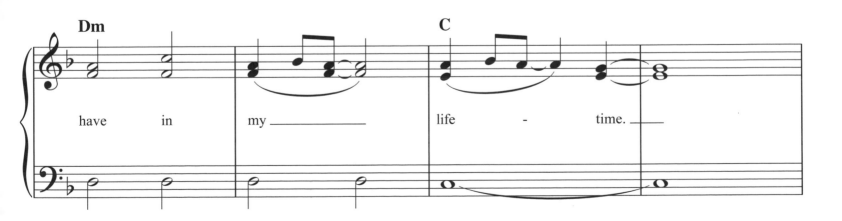

Dm ... **C**

have in my life - time.

78

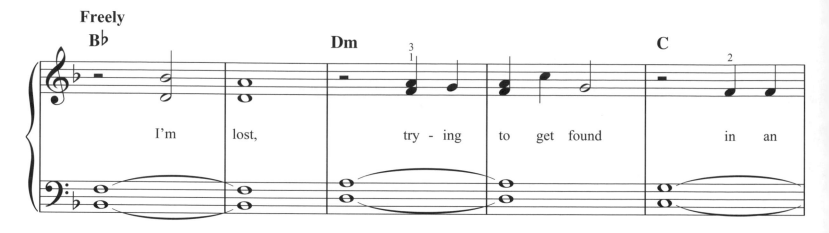

I'm lost, try - ing to get found in an

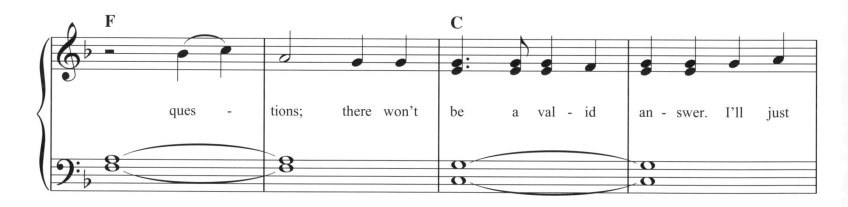

o - cean of ___ peo - ple. ___ Please don't ask me an - y

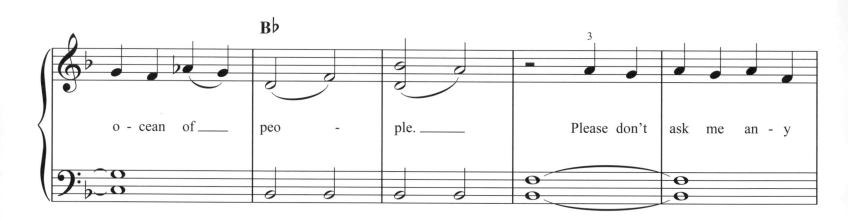

ques - tions; there won't be a val - id an - swer. I'll just

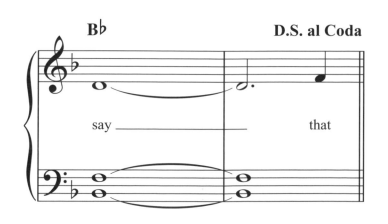

say ___ that

CODA

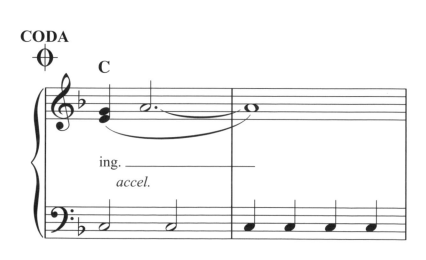

ing. ___
accel.

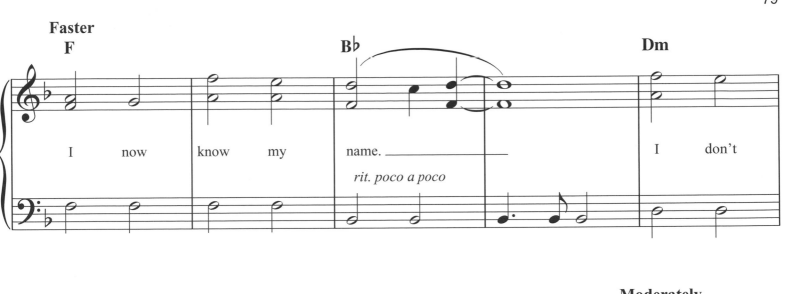

I now know my name. _____

rit. poco a poco

I don't

play by the rules _____ of the game. __ So you say

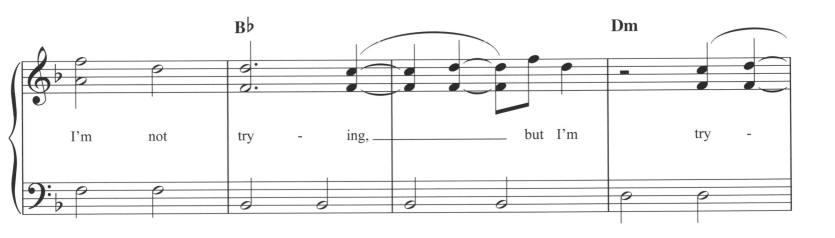

I'm not try - ing, _____ but I'm try -

- ing to find my way.

DARKNESS KEEPS CHASING ME

Words and Music by GRACE VANDERWAAL
and MICAH PREMNATH

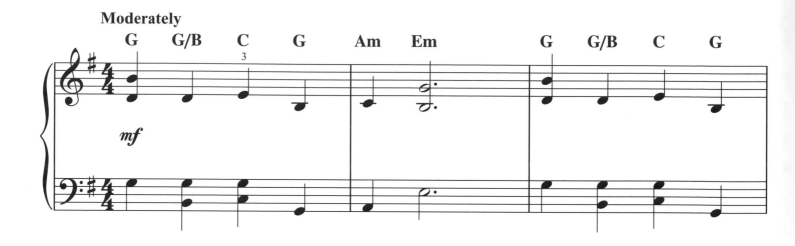

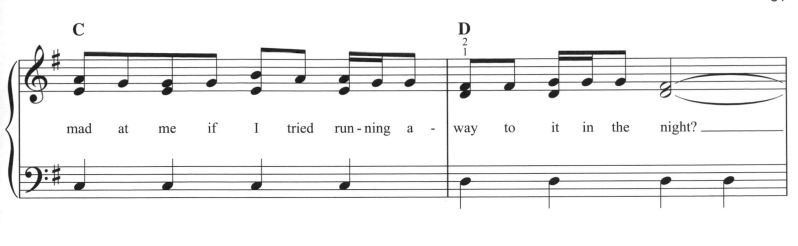

C   **D**

mad at me if I tried run-ning a - way to it in the night? _____

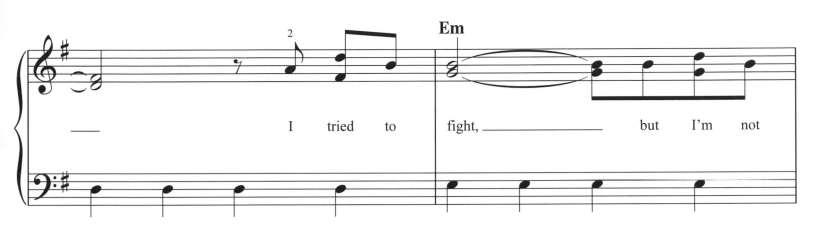

_____ I tried to fight, _____ but I'm not

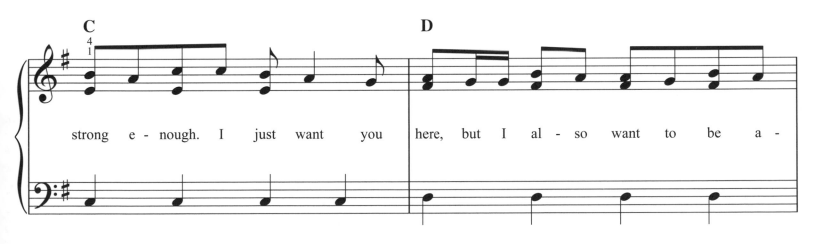

strong e - nough. I just want you here, but I al - so want to be a -

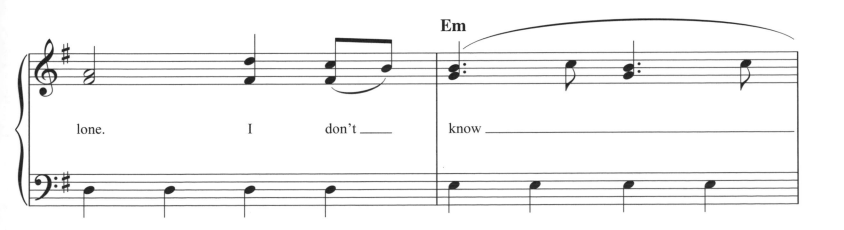

lone. I don't ____ know _____

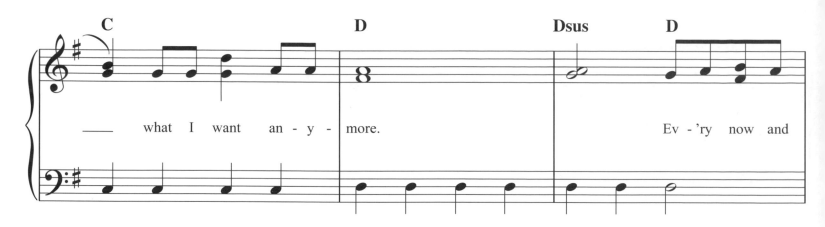

what I want an-y-more.   Ev-'ry now and

then, _____ the dark-ness tries to _____ chase _____ me, _____

_____ and my legs _____ are get-ting tired of ____ run -

ning.   Ooh, _____ please don't, _____ please don't _

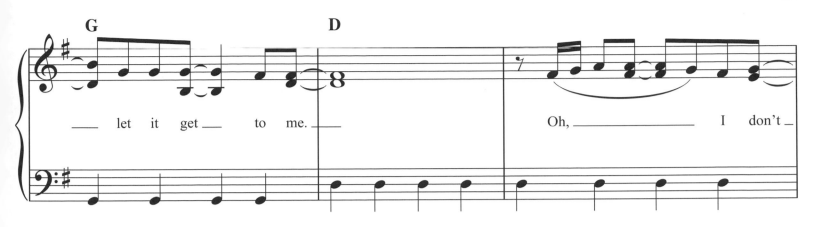

let it get ___ to me. ___ Oh, _____ I don't

To Coda ⊕

wan - na give up ___ that eas - i - ly, ___ but the

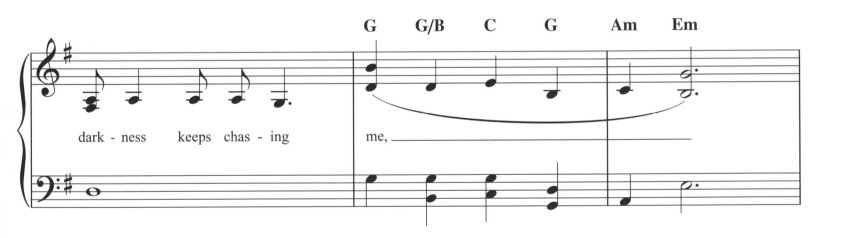

dark - ness keeps chas - ing me, _____

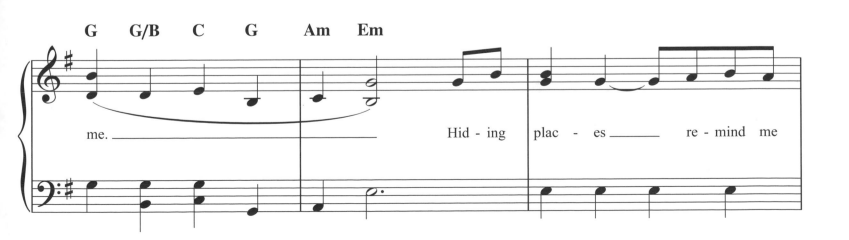

me. _____ Hid - ing plac - es ___ re - mind me

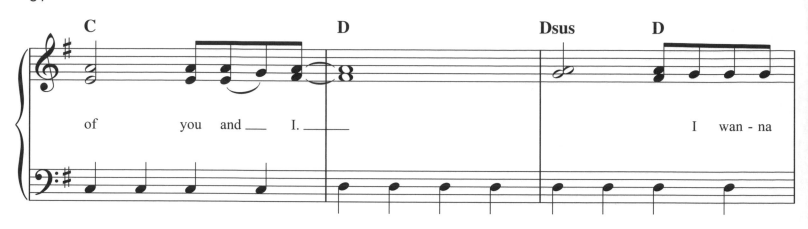

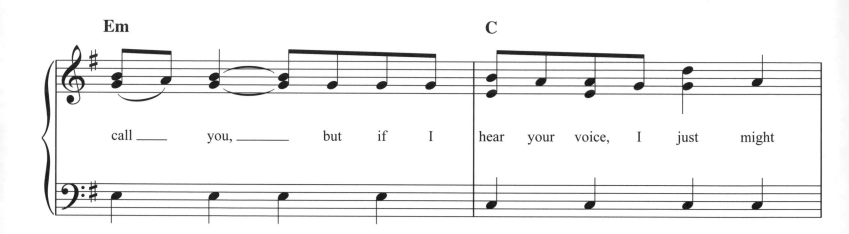

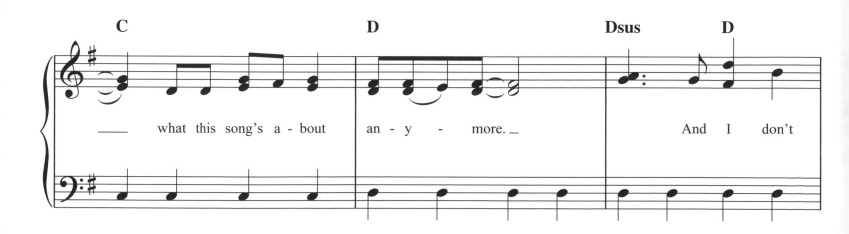

know — what I want an - y - more. _____

_____ Ev - 'ry now and

D.S. al Coda

CODA

dark - ness keeps chas - ing.

Riv - er streams __ down my cheeks. I look to my right, see you blow - ing smoke in your

ripped __ jeans. __ Don't tell me you fell in; the dark - ness is

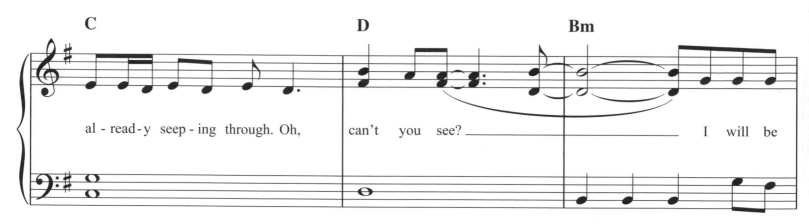

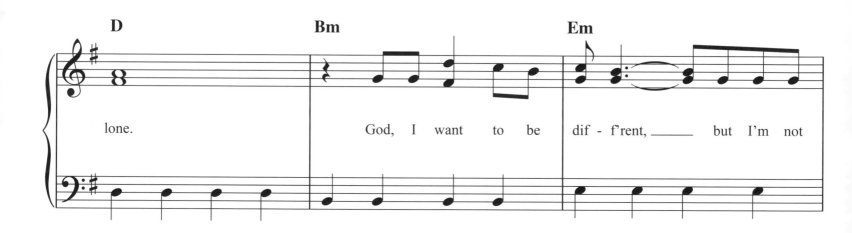

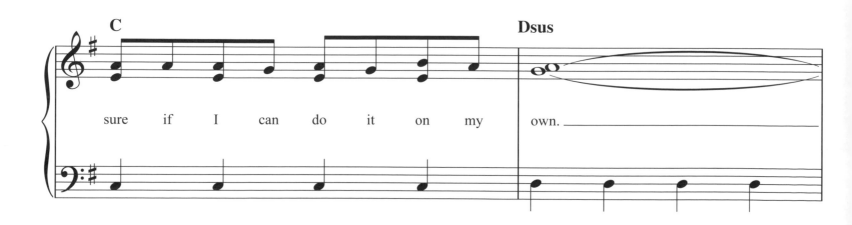

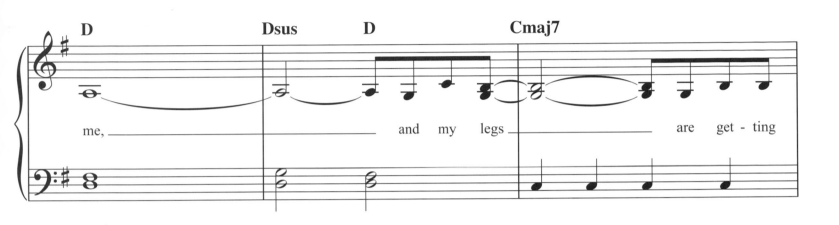

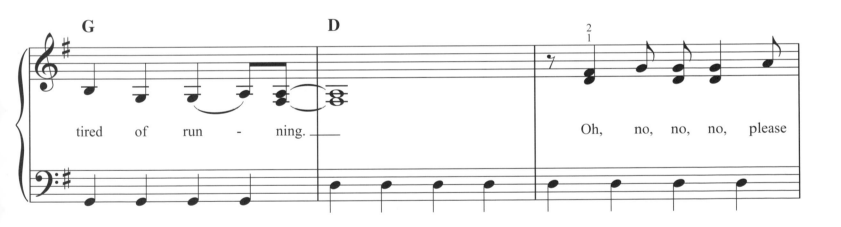

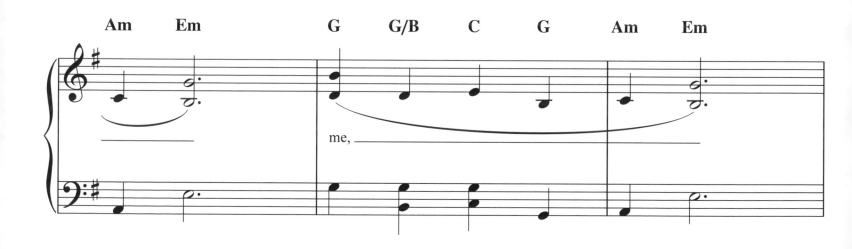

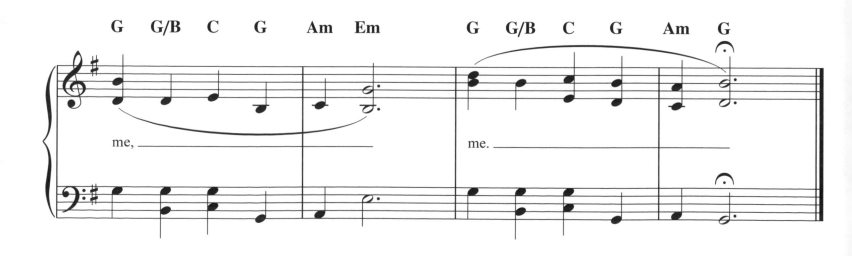